一本全方位解讀孩子的思考模式、帶你走進孩

身為家長，你絕不能錯過！

洪春瑜，才永發 著

U0091834

他不是

你的棋子

從小做孩子的知心好友

你和孩子的關係，是和睦友好、無話不談，
還是劍拔弩張、時時冷戰？
如果是後者，在抱怨孩子不懂事之前，
請先問問你自己：
你是否真的「認識」你的孩子？

他不是你的棋子
從小做孩子的知心好友

目錄

第 5 章 父母如何說，孩子才會聽

第 6 章 父母如何聽，孩子才會說

第 7 章 保持信任給孩子一個未來

他不是你的棋子
從小做孩子的知心好友

前言

一個你所親近或尊敬的人表揚你時你會欣喜不已，批評你時你會格外愧疚。

這就是關係的影響。關係是什麼？按照專業人士的解釋是「事物之間相互作用、相互影響的狀態」，是人與人之間某種性質的聯繫。

就親子關係而言，彼此的關係建立在平等的基礎上，是相互學習、共同成長的關係，而絕非是一方「管教」另一方的關係。親子之間保持親密的關係，是勝過許多教育的。

那麼，如何和孩子維持好關係呢？

現在的家長總埋怨孩子太難琢磨，無法走進他們的內心。

不是孩子太複雜，只是家長和孩子溝通時缺少技巧。

一些家長為孩子，財力、精力都沒少付出，但是沒用到正確的地方。

還有的家長一下子想一蹴而就，恨不得自己的孩子馬上變成資優生。

這些都是家長的教子誤區。

要想了解孩子，家長要先了解孩子的喜好。

每天閒聊一會兒他感興趣的話題，聊天的時候要誇獎孩子知道得多，裝作你很崇拜他的樣子，這可以讓他有被理解的感覺。

有的孩子比較喜歡運動鞋，那就針對兒子一段時間的表現，給孩子買雙珍藏版或限量版的鞋作為獎勵。

現在的孩子覺得你真心為他付出了，他也一定有所回報，各方面都會努力。

這種方式，家長雖然破費了點，卻是和孩子溝通的最好方式。

一些家長會在給完孩子「獎勵」之後，提這樣或那樣的條件，會讓孩子有被利用的感覺。要等孩子被你徹底感動後，你再提出要求，孩子一定會因為感恩而開始

9

他不是你的棋子
從小做孩子的知心好友

聽話。

　　現在孩子的作業多，有的週六週日還要上補習班。

　　所以作為家長一定要記住，學習是很枯燥的事情，作業以外的時間，不要總是無休止地讓孩子做額外的「作業」。

　　喜歡玩電腦的，就讓他玩一會兒；喜歡看電視的，就讓他看一會兒。

　　如果家長把這些都做到了，一定會贏得孩子的信任，你和孩子的關係一定會相處得更融洽。

第 1 章 形成良好親子關係的前提認識

家長應正確看待自己的身分

有很多家長常常抱怨，為什麼孩子越大越不聽自己的話了，還總是做出讓人跌破眼鏡的事情來。比如，有的家長說：孩子很晚了還在看電視，讓他去睡覺也沒用，氣得我火冒三丈。有的家長說：我兒子的瀏海比女生還要長，都快扎到眼睛了，叫他去剪，他怎麼也不肯去。的確，處於青春期的孩子會做出一些家長所謂「出格」的事情。倘若能在孩子的青春期為孩子在世界觀與人生觀方面奠定良好的基礎，將會對孩子的終身產生極大的影響。孩子進入青春期，家長應做到如下幾點：

1. 走進孩子的世界。

走進孩子的世界的前提是了解孩子。首先要了解孩子的生理變化，孩子上國中後，身高明顯增加，性機能日趨成熟，男女生都會出現第二性徵。此時的家長應幫助孩子正確認識和接納自己的生理變化，珍惜自己的性特徵。其次，要了解孩子的心理變化，孩子進入國中後，自我意識有了迅速發展。思維的獨立性和批判性發展起來，但仍帶有片面性和表面性。開始意識到兩性關係，萌發出性愛和戀愛的需求，但不善於把感情與理智結合起來。家長要經常與孩子溝通思想，了解孩子所思、所好、所行，才能走入孩子的世界。

小澤是個孤僻且倔強的孩子，有一次，因違反校規受到了紀律處分，家長得知後氣得打罵孩子，可孩子仍屢教不改，越陷越深。怎麼辦？家長自查自省，開始調整自己的心態。平靜下來後平視孩子，發現孩子身上有很多優點。當換位思考時，發現孩子心靈深處是孤獨的，孩子沒有說話的朋友，在父母面前要麼點頭要麼不說

話，是不是孩子也苦於不被父母理解呢？這位母親決心放下架子，走進孩子的世界，為了尋找共同語言，她放下外國文學，捧上了流行小說；收起古典音樂，換上了流行音樂，不明白的地方還請教孩子。孩子先是吃驚，後感到母親是真誠的，便手舞足蹈地和母親聊起來，其眼神不再是憤怒、平淡的，而是單純、溫和的。孩子與母親的話題越來越多。孩子不斷地將看到的新書推薦給母親，母親也將名著推薦給孩子。意外的收穫是孩子也迷上了世界名著。可見，平等不僅使人易於交流，而且易於互相影響。

2. 指導孩子正確處理人際關係。

能形成自己獨到的見解是值得鼓勵的，但也要意識到，現代的人才標準之一就是要有合作精神。首先要教孩子學會做人，即做一個在利益衝突面前能先替他人著想的人。孩子心中最重要的人是父母，這就要培養孩子遇事替父母著想的習慣，只有能替父母著想的人在外才可能替別人著想。其次，要給孩子一個開放的空間。也要培養孩子批判性思維，學會說「不」。當有人對孩子發出不正當邀請時，孩子要有分辨是非的能力，並且有巧妙拒絕的能力。

3. 幫助孩子建立自信心。

(1) 千萬不要當眾羞辱孩子，這是萬萬做不得的。這樣的教育會顯得蒼白無力，孩子也會自暴自棄。

(2) 孩子有優點或者付出了努力，要及時給予肯定。一直否定，孩子是看不到希望的。可以在肯定中否定，逐步提高要求。孩子在父母的認可及讚賞的快樂中，認識到自己的能力，增強了自信心。

(3) 引導孩子逐步形成責任感。適當交給孩子一點工作，讓孩子承擔一定的責任，雖然有了壓力，卻會讓孩子體驗到被尊重、被重視、被認可的快樂，其心理語言是「我行，我能做」。信心增強了，責任感增強了，能力也會隨之提高。

【名人談教育】

我們自己用得最得意的詞彙，其實絕非來自我們自己。屬於我們自己的無非只是依照我們的脾氣、性格、環境教育與社會關係而做的修改而已。只是這麼點修改，使之區別於別人的表達方式，打下了我們特有風格的烙印，暫時算作是我們自己的東西。別的都是些陳年舊貨，是幾千年幾百年以來世世代代的人說過的陳詞濫調而已。

——馬克吐溫

親子關係中十個基本要素

1. 教孩子守規則。

孩子長大了，會懂得規則意識，但仍會時常違規，如有時起個大早，卻還是遲到，並非孩子故意拖拉，而是穿衣、洗漱等動作太慢，不得要領，家長就要教孩子做事的方法，培養孩子的自理能力，尋找又快又好的做事方法和規律。更重要的是一種獨立人格的培養。

2. 和孩子一起活動。

生活中，很多家長每天都很忙碌，匆忙吃完飯後就洗漱，但是這時孩子早已睡去。家長不能陪孩子玩遊戲，就意味著失去了一個和孩子交流的寶貴時間，家長和孩子的感情交流是物質和金錢難以替代的，只有每天和孩子一起玩十分鐘，孩子才會深刻地體會到父母的愛。

3. 適當控制自己的情緒。

批評孩子的時候，我們常聽到的是某某孩子沒家教，而不是說沒有文化什麼的。可見家教的重要性。家教就是家長平時對孩子的教育方式、教育思想、教育程

度。如果家長平時就暴躁易怒，不注意方式、不注意禮貌、言行粗魯，試想這樣的家庭教育能培養出有家教的孩子嗎？

4. 明確上學的新價值。

(1) 上學讀書可以增加學問知識。這些學問知識能使孩子產生自信和力量。

(2) 認識很多同年齡的朋友。

(3) 學會處理人際關係。

(4) 學到學習的方法。能夠掌握屬於自己的學習方法，並且終身都受用。

(5) 享受到成長的樂趣。處理困難、面對挑戰、找尋突破、不斷創新、提升自己，都是成長期間的樂趣。

5. 家庭中的共同價值和信念。

尊重長輩、孝敬父母是我們的傳統美德，要培養孩子養成孝敬父母的好習慣須做到這幾點：

(1) 要讓孩子了解父母為他和家庭所付出的辛苦。

(2) 要從小事入手訓練培養孩子孝敬父母的行為習慣。

(3) 要以身作則，父母本人要做孝敬長輩的楷模。

6. 消除家長的壓力。

現在的家長，大多是十分忙碌的人，在事業上、經濟上、生活上及其他方面所面臨的壓力實在不小，再加上在家中對孩子有教導的責任，這本身也是很大的壓力。如果家中有數名孩子，而且頑皮好動，家長極容易感到疲勞，發脾氣。

7. 讓孩子聽話。

讓孩子聽話有九個祕訣。第一個祕訣：把自己也變成孩子。第二個祕訣：和孩子密切相處。第三個祕訣：注意孩子的反應與態度。第四個祕訣：體會孩子的感受。第五個祕訣：了解孩子的發展程度。第六個祕訣：回答孩子的問話。第七個祕訣：

避免用負面意義的說話語氣。第八個祕訣：經常變換新鮮的話題。第九個祕訣：充實孩子的生活經驗。

8. 追求做人的高度與目標。

家長對孩子的教育不僅要停留在知識層面上。現在的社會，高學歷教育逐漸普及，而未來真正具有競爭力的是孩子自身的人格，在於「人品制勝」，在於孩子是否懂得關心別人、關注別人。

9. 幫助孩子建立自我價值。

自我價值是自信、自愛和自尊，而建立的過程也依此次序：須先建立自信，自愛才能建立，然後才是自尊。自信就信賴自己的能力，能力的基礎就是經驗。經驗是在實踐中積累的。

10. 適當稱讚。

學會和孩子互動，才是家庭教育的藝術，家長一定要熟知孩子的心理活動，不能讓孩子口服心不服，否則再嚴厲的教育也是蒼白無力的。家長在教育孩子的過程中，一定要熟知孩子的心理，並懂得一些家教心理學，學會趨利避害，讓孩子健康發展。

【名人談教育】

有人問鷹：「你為什麼到高空去教育你的孩子？」鷹回答說：「如果我貼著地面去教育他們，那他們長大了，哪有勇氣去接近太陽呢？」

——萊辛

理想家庭環境的基本特點

誰都希望自己的孩子是一個活潑、有信心、有能力、愛學習並能夠與同學友好

他不是你的棋子
從小做孩子的知心好友

相處的人，家長應該為孩子營造一個理想的家庭環境。家庭成員樂於助人、充滿愛心，與孩子一起去做一些助人為樂的事情；每個成員對生活持正面、積極的心態，充滿信心及活力，幫助孩子發展出這樣的心態，是每個家長的責任。

在有愛的環境中孩子才有學習的心情。要使孩子感受到學習是一件快樂的事情。為孩子創造的環境應該充滿愛心，告訴孩子尊老愛幼，同學之間相互友愛。從小培養他們富有同情心，富有愛心。在一個幸福、美滿、和諧的家庭裡，家長要加強與孩子的溝通，盡最大努力與孩子建立平等互愛的關係。

今天的家長面對社會的競爭和挑戰，將大部分時間和精力都放在工作上，往往忽略了與孩子的溝通，所以我們要想辦法加強與孩子的溝通。我的做法是培養親子間共同的興趣愛好，如打乒乓球、爬山、游泳、下棋和收集硬幣，以培植親情，共享快樂。這學期開始，我把自己所收集的世界各國的硬幣都交給兒子保管。他非常喜歡這些硬幣，會問我許多問題，這樣我們之間就增加了溝通的機會。孩子提出的問題大多與學習有關，如碰到英語標出的國家的硬幣，他就會問「這是哪個國家的？」那我就會向他解釋，無形之中培養了他學習英語的興趣；有些硬幣是用國旗標出的，那他就會去對照世界地圖手冊，從中找出答案，培養了孩子獨立解決問題的能力，我們就是透過這種方式與孩子建立起一個良好的溝通平台。

要讓孩子健康快樂地成長，必須先要將其培養成一個樂觀、有信心、有能力的人。要培養出這樣的孩子，就必須有這樣的家庭環境：

1. 尊重你的孩子就像尊重其他人一樣。每個成員都有自己的地位和生活空間，並且受到尊重。尊重孩子，就像你會尊重任何人一樣。

2. 好的心態是成功的開始。每個成員都有正面、積極的心態，充滿信心及活力，幫助孩子發展出這樣的心態，是家長的責任和真正挑戰的所在。

3. 親人之間的信任、支持和愛是家庭裡的最高價值，超越其他一切事物。因此，在家中每人都表現出在乎這些價值，亦引導孩子重視這些價值。

4. 責任是每個生活在社會中的人不可缺少的。每個成員都要誠實、對自己的行為負責任。從自己做起，並且處處鼓勵孩子這樣做。

5. 孩子也可以有自己獨到的見解。成員之間容許有不同的看法和做法。敢於嘗試，敢於認錯。不要要求別人與自己有同樣的看法。接受別人的錯誤，以身作則。

6. 成員樂於助人、富於愛心。與孩子一同去做助人的事。

7. 讓孩子知道學習是終生的行為。成員之間互相鼓勵學習，鼓勵獨立思考。對別人的不同或新穎想法，先聽取，找出其中正面的意義作出肯定，而不是一開口就否定它；鼓勵孩子多思考不同的可能性。

這樣的環境無須高的物質享受，因為與家人在一起便已經是最大的享受。它提供了最好的學習動力，孩子在其中發展出完善的信念和價值觀系統，內心充滿自信、自愛和自尊。

【名人談教育】

我對兩種對立的教育方法思考過好多次：一種是人們力求保持學生的天真，將天真與無知混淆起來，認為避開被認識的惡不如避開未被認識的惡；另一種是待學生一達到明白事理的年齡，除了那微妙的叫人害羞的事以外，就勇敢地把惡極其醜陋地、赤裸裸地給他看，讓他痛恨它、避開它。我認為，應當認識惡。

——巴萊拉

珍惜孩子的自我價值是培養自尊的關鍵

自尊是孩子正確看待自己的核心部分，是我們評估自己的思想、感情和能力的模式和尺度。通常可分為健康自尊和不健康自尊。孩子健康自尊的形成，和父母、老師以及朋友等關鍵人物緊密相連。

他不是你的棋子
從小做孩子的知心好友

出身優越的姍姍曾說：「媽媽對我管得很嚴，我在父母面前好像沒有自由，吃飯時媽媽給我規定時間，連上廁所都規定了不能超過十分鐘。超時就會遭媽媽毒打。」她清楚地記得，小學三年級時，有一天，姍姍放學和媽媽一起回家。母女倆邊走邊聊，誰知姍姍不小心說錯了一句話，媽媽就讓她跪在街道上。街上人來人往，周圍人異樣的目光灼傷了姍姍的自尊心。

姍姍漸漸長大了，自我意識更強了，可是媽媽照樣不信任她。如果看到姍姍在看書的話，媽媽就會說，「裝什麼裝，讀不好書以後去掃大街！」姍姍要是考得不好，媽媽就會罵：「蠢得像豬一樣，就考這麼一點分。」偶然考好了，媽媽也會罵：「怎麼突然考好了，是不是抄別人的？」

總之，在她的記憶裡媽媽似乎從來沒有對她說過一句好聽的話。在媽媽這樣像捏泥人一樣的教育方式下，姍姍度過了二十年。這二十年中，姍姍和媽媽的關係一直是敵對的，鬥爭從來沒有停止過。直到姍姍上了大學，她也沒有讓媽媽滿意過。

離開了讓姍姍窒息的家，大學校園裡的寬鬆環境，終於讓姍姍感覺到了徹底的自由，媽媽再也不能管束她了，姍姍選擇了報復媽媽的生活方式。她在大學裡開始和社會上的一些混混鬼混在一起，一天換一個男友。最終，姍姍被學校開除，走上了一條離經叛道之路。

好多家長都覺得：孩子是自己生的，就必須要按照我的想法去安排他的生活。這麼想就大錯特錯了。每個孩子都有自己獨特的一面，父母不僅要認識到這一點，而且應該在生活中積極地引導孩子去認識自己，從而形成一個良好的自我意識。

具體地講，尊重孩子，首先要尊重孩子的獨立性，尊重孩子的決定和選擇，不要認為孩子是自己的，自己想怎麼管就怎麼管，孩子最反感的是父母不尊重自己的人格。而最傷害孩子心靈、最易造成孩子叛逆心理的是父母對自己獨立空間的冒犯。

其次，家長不能對孩子說有辱人格、有傷自尊的語言。大人千萬不要對孩子說：「你真沒出息！」「小孩子懂什麼！」「大人的事，小孩子知道什麼？」尊重孩子、

尤其不能隨意懲罰和毆打孩子，懲罰和毆打是最傷害孩子自尊心的。請家長記住，千萬不要為了自己的尊嚴，傷害孩子的自尊。平時可透過如下方式建立孩子的自尊和好的親子關係：

1. 在發展業餘愛好時也要照顧到孩子自己的興趣、年齡和能力，為他選擇適合的學習活動，繪畫、下棋、跳舞、書法、鋼琴、打球、游泳，某個階段內，選擇一項即可。

2. 多和孩子一起參加活動，不要過分顧慮活動過程中的困難和危險，要全身心地投入，切忌心不在焉。當孩子碰到困難時，請別急於幫忙，讓孩子多練習，學會自己克服困難。

3. 指導孩子切莫急於求成。當孩子學習新的技能時，比如騎腳踏車，不必要求他一開始就能上路，而要鼓勵他多實踐。在學習比較複雜的技能時，把它分成幾個階段進行，讓孩子看到自己的進步。

值得注意的是，尊重孩子不分時間和地點，也不分是優點多還是缺點多。如果一位家長在孩子有成績時就尊重他，在出現問題時就不尊重他，任意褒貶，這就做錯了。媽媽不妨用換位思考的方法想一想，自己有了缺點、錯誤時，希望別人怎樣對待自己。

【名人談教育】

只有受過教育的、誠心誠意的人才是有趣味的人，也只有他們才是社會所需要的。這樣的人越多，天國來到人間也就越快。

——契訶夫

自我價值決定一生成就

很多家長都覺得，在這個競爭越來越激烈的社會中，應該讓孩子掌握知識、掌

他不是你的棋子
從小做孩子的知心好友

握技能、掌握其他孩子沒有掌握的，這些固然沒錯，但是，一個人的成功取決於他的綜合素質，這其中很重要的一點就是對自我價值的認識。自我價值是一個人認為自己有價值的程度，也就是一個人喜歡自己的程度。

如果能夠讓孩子擁有這種能量，發揮出自身的價值，那麼就會生成一個堅實的基礎。也就是說：「當自我感覺良好、自我欣賞時，我就極有可能以一種高貴、真誠、勇敢的姿態，充滿活力和愛心去應對生活。」有了自我價值，一個人的生命之火就會被點燃，自我價值是人活下去的理由，也是人奮鬥的原因和動力。

在孩子後天的成長中，他的自我價值來源於家長的表揚。如果孩子做對了事，父母要及時進行鼓勵和表揚，能給孩子以他所需要的價值感、信任感和自信心。及時的表揚可以增強孩子對父母的信任感。父母及時的表揚，孩子的自我價值感就會極大地增強，從而產生成長的動力。

在教育孩子的過程中，家長要找到孩子身上的優點，不斷地確認、表揚、鼓勵、放大，這樣，孩子就能找到自我價值。這不禁使我想起了一則故事：

一個小女孩初學小提琴，琴聲如同鋸木，父母不願聽，孩子一氣之下，跑到幽靜的樹林裡拉。她聽到了一位老婦人的表揚：「我猜想你一定拉得非常好，只可惜我的耳朵聾了。如果不介意我在場的話，請繼續吧，我會用心去感受音樂。」就這樣，小女孩又鼓起勇氣拉起琴來。每當拉完一曲後，老人總不忘說上一句：「謝謝，拉得真不錯，我的心已經感受到了。」終於有一天，專修音樂的妹妹被她拉的月光奏鳴曲大吃一驚——那琴聲變得那樣優美。逼問是得到哪位老師指點。小女孩說出實情後才知道，那林中的老人是音樂學院最有聲望的音樂教授，曾是樂團的首席小提琴手，更不曾耳聾過。

其實，大人也希望得到別人的讚揚，何況是孩子呢。一位哲人說：「人類本質中最殷切的要求是渴望被肯定。」而表揚、鼓勵、賞識，正是對人成績的肯定。家長的一句溫馨的話，一句中肯的表揚就如同春風化雨，潤物無聲，甚至包含著肯定意

味的體態語，如微微一笑或點點頭也都能起到很好的效果，即所謂「深情盡在不言中」。讓我們學會賞識、發現孩子們的亮點，讓孩子們尋找自己的優點，他們的自我價值感就會提升，就會變得更加努力，創造一個個「奇蹟」。

為人父母者一定要會培養孩子的「自我價值」。當家長鼓勵、表揚、欣賞、誇獎孩子的時候，他的自我價值會上升，孩子就有了成長的動力；反之，對孩子否定、埋怨、數落、大罵，便會使自我價值下降，以至於造成孩子的自卑。做父母的應該幫助孩子認清自我價值、學會疏導焦躁情緒，並能自我激勵，提高應對學業壓力能力，融洽人際關係，解決生活中的困難。

【名人談教育】

教育上的水是什麼？就是情，就是愛。教育沒有了情愛，就成了無水的池，任你四方形也罷、圓形也罷，總逃不出一個空虛。

——夏丏尊

父母對孩子的引導模式一覽

1. 讓孩子形成正確的金錢觀。

有的家長怕孩子養成揮霍的習慣，便盡量不讓孩子碰錢；有的家長過分溺愛孩子，凡是孩子提出的要求一概滿足，這都是不可取的。大人對孩子用錢要有一個正確的心態，既不能控制太嚴，也不能隨心所欲，更不能有攀比和補償心理。

為了讓孩子養成正確的金錢觀，可以讓孩子建立個小帳本，把所得和所用的明目、數額記錄下來，每週或每月進行一次小計，並和孩子一起分析哪些錢用的非常不錯，哪些錢是可以不用的。結餘是孩子的，大人千萬不能收繳或者下次減少零用錢。對住校的孩子，可以把一個月的生活費，全部交給孩子自己保管使用，節省下來的錢可以歸自己，但必須保證在校吃的安全、健康。

2. 讓興趣來引導孩子的學習。

一般來說，孩子天性好奇，往往會對課本以外的知識產生強烈的探索興趣。可以在恰當的時候鼓勵孩子廣泛閱讀他自己感興趣的課外知識。這樣既有利於開闊眼界、豐富知識，又有利於孩子把課內知識和課外知識緊密結合起來，不斷提高孩子的自學能力。

濤濤是個很乖的孩子，可成績總是不好。爸爸只好去學校找濤濤的老師。老師認為，濤濤的成績沒有提高，主要是他的學習方法出現了一些問題。老師說：「濤濤的最大問題就是不會自學，好像他也不喜歡自學。」

過了些天，爸爸為濤濤的臥室增添了一些新「家具」。這些新「家具」其實就是一些直觀的教學用具，比如世界地圖、動物畫冊、《趣味百科全書》以及一些簡單的天文學儀器如望遠鏡。這些物品激發了濤濤學習的興趣，他每天做完作業後不再急於開電視看動畫了，而是先鑽進自己的臥室用望遠鏡觀察一下星空，再看一會兒書，有了不懂的問題就記下來請教爸爸或者老師。透過看書，他學到了許多新鮮的知識，也結交了更多的朋友，變得更加自信了。

3. 以正確的方法引導孩子接觸網路。

雖然報紙上不乏這樣的消息：某少年上網成癮，被老師或家長責罵之後拿了家裡的錢離家出走。其實，上網對大部分孩子來說是有好處的，並不影響學習，而且青少年網民比非網民與家長交流更多，擁有更多的朋友，社會參與願望更強烈。

不要強硬地規定孩子是否可以上網。可以與孩子來一個「君子之約」，即約定上網的時間、上網的地點。與孩子一起參加一些富有意義的活動，能使孩子的心情得到調節，視野也會更加開闊，不再沉迷於網路。

【名人談教育】

天賦僅給予一些種子，而不是既成的知識和德行。這些種子需要發展，而發展是必須藉助於教育和教養才能達到的。

——凱洛夫

他不是你的棋子
從小做孩子的知心好友

第 2 章 了解孩子，把握孩子的特點

孩子渴求朋友，不當孤獨的小螞蟻

要從小培養孩子積極主動和外界交往的意識，在這之前，先要和孩子成為朋友。社交能力是人與人溝通的橋梁，是生活中不可缺少的生存工具。社會的發展越來越需要人們具有善於與人交往合作的能力。如果孩子有著良好的人際關係，和小朋友、老師相處融洽，那他就會覺得自己是被接受，被喜歡的，從而便會更快樂、開朗、自信。

都說父母是孩子的第一任老師，一個溫暖陽光的家會讓孩子有足夠的安全感，那麼孩子的心是完整的、堅強的、開放的，人際交往就會自然地發展起來。而如果父母本身與人交往就有很多顧慮、做作、防禦，夫妻間的相處也不和諧，那麼孩子就會感覺外界是不安全的，他們就會排斥父母的這種交往方式，也學不到人際交往的日常技能。

與外界的交往也是生存技巧之一，是需要在家長的指導下進行後天學習的。讓孩子學會解決問題的技巧。父母應該觀察孩子在同伴交往中的表現，找出原因，還要了解孩子的感受，讓孩子思考是什麼原因使同伴不願意與他交往，引導孩子主動解決問題。讓孩子在和其他同學交往時，學會真誠、自省、求同存異、諒解和寬容。

單從願望上說，很多家長都願意和孩子交朋友。可同時，也有不少家長無奈地表示，孩子和自己有代溝，什麼都不和自己說。那家長不妨想想，是不是有的時候嘴上說和孩子做朋友，實際執行起來卻不自覺地帶有家長的「威嚴」呢？是否習慣用命令的口氣？當孩子遇到諸如情感問題、人際問題和家長訴說的時候，家長有沒

他不是你的棋子
從小做孩子的知心好友

有不假思索地訓斥、或者否定孩子？

　　不要以成人的眼光來隨意判斷孩子。要想讓孩子把你當朋友，你自己必須先來做孩子的朋友。當孩子向你絮絮叨叨地說些什麼的時候，千萬不要自作聰明地胡亂評論。認同他的觀點，這是做朋友的基礎，然後才能以朋友的方式提建議。

　　養育孩子不是一勞永逸的事情。孩子小時，我們低頭看他，如今兒子已經比我們高出一個頭，我們需要仰頭才能看清他的表情，難道不應該變換交流的方式嗎？為了不至於落伍太狠，我專門讀了《親愛的安德烈》，尋找溝通的路徑，放下做家長的所謂尊嚴來走進孩子的世界。

　　孩子有他們自己的話題。我家兒子最近和我聊得比較多的就是他們班同學的戀愛，誰和誰國中就戀上了，誰又單戀哪個女生……我從不說這些孩子不對，只是笑瞇瞇地和他聊，有時順帶著來一句評論，參與出個小主意，兒子也樂於告訴我他們的小祕密，我很少要求他做什麼或禁止他做什麼。

【名人談教育】

　　一個成功的管理者，專業知識所起的作用是百分之十五，而交際能力占百分之八十五。

──卡內基

和孩子「平視」著一起成長

　　當我們不理解孩子的行為時，有沒有想到用孩子的眼光看他們的世界呢。最近，看了這樣一則故事頗受啟發。一位節目主持人發現女兒不愛逛商店，每次領她去，她總是哭鬧著不願進。這位父親很不理解，商店裡的商品五花八門，為什麼孩子不愛來呢？

　　一天，他又領著女兒去逛街，商店裡人很多，他們在人群中擠來擠去。碰巧女

兒的鞋帶開了，他蹲下來幫女兒繫鞋帶，就在那一瞬間，他發現眼前的景象是多麼令人沮喪：矮小的孩子眼前不是琳瑯滿目的商品，而是大人們的一條條大腿和一雙雙大手。那一隻隻來回擺動的胳膊，一個個帶稜角的書包，時不時地磕碰著孩子的臉和弱小的身體。別說孩子了，自己都不想待下去。可當他把孩子扛上肩頭準備離去時，孩子突然不走了，原來她看見了玩具。

家長總是喜歡站在自己的角度自說自話，教育孩子，像個居高臨下的救世主，其實根本沒有了解孩子的內心，這樣只能激起他內心的反感，如果我們蹲下身來和孩子在同一視平線上，用孩子的眼光看世界，也許你更能親近孩子。站在孩子的角度看問題，要注意以下幾個方面。

1. 留心孩子在生活中遇到了什麼難以解決或讓他困惑的問題。

在物質生活條件越來越好的今天，孩子的成長出現了「三大三小」現象，那就是生活的空間越來越大，生長的空間越來越小；房屋的空間越來越大，心靈的空間越來越小；外界的壓力越來越大，內在的動力越來越小。在生活中，家長抱怨孩子不聽話，孩子嫌家長不理解。

2. 不要總是挑孩子的缺點，也要檢討自己的不足。

獨生子女的唯一性使這一代家長對孩子的成敗帶有「下賭注」的感覺，自己承受過的苦難轉化為強烈的補償心理和懼怕心理，對孩子的培養表現出「四過」：過高的期望、過分的關心、過多的呵護、過分的保護，這樣做的結果就是孩子中有不少人出現「三無」：無情、無能、無責任感。因此，作為家長要時刻記住與孩子平視，既不要對孩子有太高期望也不能放任不管，既要培養孩子成才更要教育孩子成人。

3. 愛孩子並不意味著嘮叨。

家長要力求做到動一點頭腦，少一點說教，露一點微笑，多給一點空間。家長不要忽視表率作用，困難面前不懼怕，失敗面前不氣餒。現實中，力爭做孩子的知

心朋友，只有這樣才能與孩子實現平等的交流，及時發現並幫助孩子解決在成長過程中遇到的各種困難和疑問。

說教只會加重孩子的心理負擔，讓孩子遠離父母。哈利波特的風行也正說明了孩子的學習和成長需要一個舒適的空間。前不久，英國女作家羅琳的哈利波特在歐美幾個國家同時發行，不用說，這條消息讓全世界的孩子們興奮，奔走相告，使哈利波特再次風靡全球。作為魔幻系列的童話小說，魔法類的題材並不新穎，可是這本書卻令全世界的孩子讀得如痴如醉。這種現象令中國的大人們深思：我們太習慣於居高臨下地「指導」孩子了。

雖然家長更希望孩子能接觸些中外名著，不過大多數名著寫作年代離現在較遠，與現代的生活差距很大，強行讓孩子閱讀，難以引起他們的興趣。所以對於小學生和國中生，大人們應該給他們推薦一些優秀的選本。其次，孩子們平時上課功課的壓力夠大的了，很少有時間讀課外書，暑假則是孩子們廣泛涉獵各種知識的大好時光。讀科普、體育和一些優秀的娛樂類雜誌，對孩子了解社會也很有益處。

【名人談教育】

美育者，應用美學之理論於教育，以陶冶情操為目的者也。

——蔡元培

孩子渴求受到尊重

孩子對自己的人格也是有清晰的認識的，在家庭教育中家長和孩子溝通的前提就是尊重孩子。父母與孩子成功溝通的技巧有以下幾點：

1. 溝通的方式要因人而異。

每個孩子有自己的特點，溝通沒有通用的模式，與一個孩子溝通的方式並不總是適合於另一個孩子。因此，父母必須根據自己孩子的特點，創造自己的溝通方

式。比如，一位母親的兒子個性內向，沉默寡言，一般的方法難以獲得有效的溝通。於是，這位母親根據兒子喜歡聽音樂、寫作和閱讀的特點，經常與兒子一起到書店去，在那裡聽兒子向她講述故事和書裡的人物，以此了解他的想法和感受；她還和兒子一起聽音樂、做兒子作品的第一個讀者，不斷鼓勵。她的兒子最終慢慢地活躍開朗了起來。

2. 保持足夠的耐心，再說教之前先聽聽孩子說什麼。

孩子很難接受一個不理解他的大人的意見。與孩子溝通需要談自己的意見，但更需要耐心地傾聽孩子的想法。傾聽意味著避免打斷孩子的話、集中精力於交流的過程。為了便於做到這一點，溝通最好在安靜的地方進行，排除可能使人分心的干擾。如果你正忙於做晚飯或看喜歡的電視節目，要做到認真傾聽是困難的。善於傾聽的父母才有可能成為孩子的知心朋友。

3. 家長要選擇適當的時機和孩子溝通。

有很多家長喜歡在吃飯的時候教育孩子努力學習之類的，或者在孩子玩性正濃時打斷孩子，對其進行教育，結果不歡而散。溝通需要有恰當的機會，青少年不喜歡預約的談話。你想談，他們可能沒有興趣；只有他們想談，溝通才有可能順利進行。切忌不要總是試圖在臨時想起的、不固定的時間與孩子進行溝通，那樣做的結果只能是失敗。

4. 要認同並且共同討論兩代人之間的差異。

不要勉強孩子認同大人的人生觀和世界觀，該允許他們擁有符合時代需求的新觀念。以一件小事來說，父母認為孩子應該在晚上九點以前回家，而進入青少年期的孩子則認為自己已經長大了，可以晚一點回來。如果不能有效地處理這種差異，溝通就難免失敗。父母應當與孩子一起商議和制定新的制度，從而幫助孩子發展有用的社會技能。

5. 好的心態和情緒是和孩子平等溝通的條件。

家長不要試圖以強硬的態度去改變孩子的行為和看法。對孩子言行的反應過於激烈往往導致爭吵，使交談無法繼續。為了使交談保持友好的氣氛，父母絕對不要帶著焦慮的情緒與孩子交談；同時，為了體現尊重，避免引起反感，父母在提問題時，最好以商量的、平和的語氣進行，如「你這樣做是怎麼想的？」「讓我們談談好嗎？」

要鼓勵孩子對父母坦誠，同時也要對孩子報以坦誠的態度。父母要認識到，孩子最希望得到父母的肯定、鼓勵和獎賞。如果孩子和父母談話時受到批評，他會感到自己的坦率得到的不是獎勵而是懲罰，這將傷害他繼續與父母直接交流的積極性。

6. 多討論孩子們感興趣的事情而不是一味強調你的看法。

要重視孩子跟你說的話，哪怕這在你看來不是大不了的事情。孩子們生活在不同於成人的另一個世界中。有些事情對父母來說並不重要，但對孩子們來說就不同了，那可能是意義重大的事。父母不必假裝對孩子們的事情感興趣，但是必須對他們感情和觀點表示尊重。因此，經常與孩子討論他們的事情是必要的。

【名人談教育】

教育兒童透過周圍世界的美，人的關係的美，看到的精神的高尚、善良和誠實，並在此基礎上在自己身上確立美的品質。

——蘇霍姆林斯基

孩子渴求得到保護

孩子身心的成長是循序漸進的過程，不能太嬌慣，但更不能粗暴對待。心理學家曾對孩子的「怕」進行調查，結果表明：孩子怕失面子，怕被人認為是愚蠢的孩子，怕在課堂上出醜等。對他們來說，自尊心遭打擊，自我價值遭否定是可怕的事

情。作為家長，對孩子這顆稚嫩的心應怎樣保護？以下三個方面是家長應該注意的：

1. 不要覺得孩子的語言和行為幼稚就敷衍了事。

其實，孩子是希望得到父母的認同的。在日常生活中，常常會看到孩子興高采烈地向父母訴說什麼，父母卻一邊哼哼哈哈一邊想自己的心事或做其他事情，孩子會很快察覺到父母對自己沒興趣，他們會感到沮喪和生氣。其實，聽孩子談話是件有趣而且必要的事情，從孩子的談話中，家長可以知道孩子的想法，掌握孩子的喜、怒、哀、樂，了解孩子的需要。

2. 父母不該只是孩子的供養者，還應該是孩子感情的寄托。

孩子在接觸世界，認識社會的過程中難免會有心理波動的時候。家長對孩子因受挫折而產生的抱怨和哭訴要重視，絕不可無所謂。在生活中，當孩子遇到挫折或委屈時，許多父母常常不給孩子提供宣洩的機會，不是嫌煩制止孩子的哭訴，就是淡於應付，對孩子缺乏耐心和尊重。再者就是急於說教，不給孩子申辯的機會。

當父母察覺到孩子有委屈，或者聽到孩子的抱怨時，最需要做的就是把孩子抱在懷裡，先安撫孩子的情緒，再耐心傾聽孩子的訴說，這不僅可以更清楚地了解事情發生的前因後果和他的想法，更重要的是在孩子哭訴也就是宣洩心中不快時，父母的理解和寬容會使孩子感受到親情關懷的溫暖，內心感覺到安全與舒暢，從而使心裡的煩悶得到調整而變得愉快，然後，父母再來與孩子一起分析事情的對錯。

孩子受到挫折時，需要父母的鼓勵和肯定，以增強克服困難的勇氣。同時也應做好引導工作，幫助孩子分析受挫的原因，為他們提供感情支持，使孩子在經歷挫折時、能主動地對待挫折，在挫折和磨煉中造就自己堅強的性格，增強自信心。

3. 要讓孩子表現出一個真實的自我，在此前提下再引導他們適應社會。

在孩子性格形成的階段，只有在一個寬鬆、舒適的環境下才會表現出真實的自我來。對於孩子來說，家長若能順應孩子的自然發展規律，尊重孩子的心願，時刻

他不是你的棋子
從小做孩子的知心好友

給孩子表現真實自我的機會，不僅能促使孩子個性的發展，而且還能使孩子獲得各種經驗，從而更好地讓他們適應社會。

妄加干涉孩子的行為是有害無益的。活潑、好動、貪玩是孩子的天性，也許他們會把門開開關關，一下子鑽到桌子下、一下子爬到桌子上……孩子的頑皮實在超乎大人的想像，許多家長往往會嫌孩子麻煩，怕孩子遇到危險，這時候，他們會在一旁說「危險哪！」「好髒哦。」「你們這樣真不像話！」或是孩子想做什麼事之前，家長就會跑到跟前說該怎麼做……你也許沒有意識到，這樣就會使孩子正萌發的好奇心「夭折」。如果孩子不能有各式各樣的經歷，那麼其情緒是很難正常發育的，如此下去，孩子會在情緒發育不良的情況下成長，長大成人後就會有性格異常等問題出現，就不能很好地適應社會，越小的孩子越是這樣。

蒙台梭利有一個精彩論斷：孩子擁有一份吸收性心智。他們在與成人直接接觸中感受最為真切、最為深刻的社會性行為。我們無法相信，一個整天要服從於成人指令或是不時遭到成人指責的孩子會構建出活潑開朗、寬容友善的人格特徵。

【名人談教育】

從美的事物中找到美，這就是審美教育的任務。

——席勒

孩子需要得到賞識

孩子成長的過程就像小樹長大。要經過家長不斷地修正。犯了錯誤，父母難免會責備孩子，但是責備的方法卻有很多種，如果方法不當，很可能在無意中傷害孩子。如果父母善於找到孩子錯誤中隱藏的優點，然後賞識孩子，不僅可以讓孩子充分認識到錯誤，而且還會繼續保持這個優點，從而養成良好的對待錯誤的習慣。

一味地指責孩子於事無補。面對孩子的錯誤，父母還應該從自己身上找原因。

有些時候，孩子錯誤的很大一部分原因來自大人的誤導。例如孩子和老師頂嘴，可能是因為父母經常在他小時候說「等你上學了，讓老師管教你！」之類的話，讓孩子誤認為老師和自己是對立的、是敵人，從而產生了叛逆心理。

孩子的思維有時是單純卻很難讓大人理解的，所以，當孩子犯了錯誤，要調查清楚事情的起因、經過，發現孩子在錯誤中顯露出來的優點。如果孩子的錯誤是出於好意，首先應該賞識孩子的良好初衷，而不是抓住他的失誤，如「我知道你很想幫助別人，這真讓我高興！」

犯錯誤並不可怕，每個孩子都免不了會犯這樣那樣的錯誤，而孩子正是在不斷犯錯誤、糾正錯誤的過程中成長起來的。所以說，重要的問題不在於孩子是否犯錯誤，而在於父母採取何種態度讓孩子認識並糾正錯誤。善於在孩子的錯誤中發現優點，用賞識的態度去教育孩子糾正錯誤，比嚴肅的批評和打罵更有作用。

一對母子正在站前等車，一陣大風把媽媽的圍巾撩了起來，媽媽想用手按住圍巾，可是手裡還提著皮包，非常不方便。看到這個情形，小男孩主動對媽媽說：「媽媽，我幫你拿包吧。」媽媽猶豫了一下，還是把皮包遞給了小男孩，然後整理她的圍巾。

沒想到一陣大風吹過，小男孩一不小心，把皮包掉在了地上的水洼裡。小男孩馬上把皮包撿了起來，一臉的驚恐。媽媽的臉色立刻變得非常難看，厲聲訓斥小男孩：「你怎麼連個皮包都拿不住啊？你看，包都髒了，你讓我怎麼拿？你真笨……」小男孩一聲不吭，眼淚卻嘩嘩地湧出來了。

試想，如果這樣對待一個好心卻有了失誤的孩子，他還會願意再次嘗試幫助母親嗎？還會對自己有信心嗎？大概一直都會覺得自己是個沒用的孩子，甚至這種情緒也許會影響他一生。與此相反，著名教育家陶行知先生「四塊糖」的故事是父母學習的典範：

有一次，身為校長的陶行知發現學生王友用泥塊砸自己的同學，他當即制止了

他不是你的棋子
從小做孩子的知心好友

王友，並讓他放學後到校長辦公室。放學後，陶行知來到校長室，王友已經等在門口準備挨罵了。陶行知立即掏出一塊糖果送給他：「這是獎給你的，因為你按時來到這裡，我卻遲到了。」

王友不敢相信似的接過糖，陶行知又掏出一塊糖果放到他手裡：「這也是獎給你的，因為我讓你不再打人，你就立即住手了，這說明你很尊重我。」王友迷惑不解，陶行知又掏出第三塊糖果，說：「我調查過了，你砸他們，是因為他們欺負女同學。這說明你很正直，有跟壞人作鬥爭的勇氣！」

聽到這句說到自己心裡去的話，王友感動地哭了，他後悔地說：「陶校長，你打我兩下吧，我錯了，我砸的不是壞人，是我的同學呀！」陶行知滿意地笑了，他隨即掏出第四塊糖果遞過去：「為你正確地認識了錯誤，我再獎給你一塊糖果……我的糖獎勵完了，我看我們的談話也該結束了吧！」

面對孩子的錯誤，陶行知既沒有批評更沒有打罵，而是換了一個角度，用充滿賞識的心態，從錯誤中發現學生誠實守信、尊師長、為人正直、敢於承認錯誤的優點，並及時給予讚揚。陶行知用賞識喚醒學生的良知，讓學生主動承認錯誤、接受教育，從而在心靈深處產生改正錯誤、完善自己的願望。

看過這個故事，相信廣大父母都會從中得到啟示。現實生活中，發現孩子的錯誤並不難，難的是從錯誤中發現孩子的優點，並用賞識的態度和語言，設計充滿愛心的教育場景，在對孩子的賞識中完成「潤物細無聲」的教育。

孩子的世界既簡單又複雜，切不可武斷應對。要想找出孩子在錯誤中的優點，必須首先了解孩子犯錯誤的過程，透過對過程的分析發現孩子的優點。如果陶行知不對王友用泥巴砸同學的過程進行調查，他就不會知道事情的起因是那幾個同學欺負女生，也就不會發現王友為人正直、敢於打抱不平的優點。另外，必須對孩子敢於承認錯誤的優點給予賞識。

【名人談教育】

志向是天才的幼苗，經過熱愛勞動的雙手培育，在肥田沃土裡將成長為粗壯的大樹。不熱愛勞動，不進行自我教育，志向這棵幼苗也會連根枯死。確定個人志向，選好專業，這是幸福的源泉。

——蘇霍姆林斯基

了解孩子的優點

所有的父母都是愛自己的孩子的，可是，在生活中，父母卻總是慣於尋找、放大孩子的缺點，慣於拿孩子的缺點同其他孩子的優點相比較，常常說別人的孩子這樣好，那樣好。而自己的孩子，總是「千瘡百孔」，一無是處。還有很多父母望子成龍，總想讓自己的孩子「出人頭地」。

長大以後，為什麼有的孩子自信而充滿活力，有的孩子卻膽怯內向，畏首畏尾？因為在小的時候，明智的父母一眼能看到孩子的優點，進行鼓勵和引導，而不明智的父母，一眼就看到孩子的缺點。其實，每個父母都應善於發現孩子的優點，讓孩子在自信中成長。面對「壞」孩子，更需要竭力去找他們的優點，哪怕是沙裡淘金，哪怕是微不足道，都需要出自真心地去讚揚、鼓勵和引導。

小龍是個聰明且調皮的男孩，經常會出現許多「小問題」，製造諸多「麻煩」。

這一天，媽媽剛剛回家，聽到爸爸正在生氣的指責小龍：「沒收拾好自己的物品，就跑出去玩！說你多少次了，你怎麼老是愛擺個爛攤子啊？」說到氣頭上，爸爸又開始批評小龍的其他諸多錯誤，如粗心、脾氣不好、貪吃等。

媽媽瞧瞧小龍，正滿不在乎的嘟著嘴，滿臉的不服氣和不情願。為了緩和僵局，媽媽若有所思地說：「小龍身上是存在缺點，我想他自己知道那樣做不對。每個人都有缺點的，可每個人身上也是有優點的啊！比如很愛勞動，喜歡主動幫助孩

他不是你的棋子
從小做孩子的知心好友

子，做事情很認真，學本領很聰明呢。有缺點不要緊只要改正。」

小龍本來以為媽媽也會批評自己，誰知竟然誇獎自己。他被媽媽誇得都有些不好意思了。最後媽媽說：「小龍有這麼多優點我們也很為你驕傲，如果能將自己的缺點改掉變成優點，那麼小龍會是個了不起的人，大家會對你另眼相看的。」聽了媽媽的一席話，小龍輕輕點點頭，彷彿若有所思。從此之後，小龍的很多「毛病」果然都改掉了。

很多類似的事例說明：孩子渴望賞識就像人需要陽光和氧氣一樣強烈。小孩子認不清自己，需要靠成年人的表揚來認識自我、增強自信。讚揚可以成為他們改掉不良行為的動力，使孩子建立自信，邁向成功。

孩子對自己的認同首先來源於父母親人對他的認同。每一個漸漸長大的孩子，如果父母愛他，他也會認為自己是可愛的。假若父母打他、奚落他，那脆弱的生靈，就會被利剪截斷雙翅，從此萎靡不振，或許跌落塵埃一蹶不振。

1. 要多角度分析孩子的言行。

要幫助孩子找到不足之處的具體所在，並且經過分析幫助其改正。避免以偏概全，籠統否定。比如說孩子的某次作業沒做好，錯誤較多，應該看看哪些題錯了，出現錯誤的原因是因為馬虎不認真，還是根本不懂。在分析過程中，該肯定什麼，就肯定什麼，該否定什麼，就否定什麼。表揚與批評是從實際發出的，才能讓孩子服氣。

2. 誇讚也要講究方法。

表揚要有的放矢，不能太籠統，讓孩子清楚表揚的是哪一點，為什麼表揚；要注意時間、場合，根據孩子個性特點和年齡特點，宜及時講的及時講，宜階段講的階段講；宜當面表揚的當面表揚，宜採用暗示的就採用暗示，該向老師彙報的就告訴老師；對有驕傲情緒的孩子應適當減少表揚的頻度，提高要求；對缺乏自信、有自卑感的孩子要透過肯定培養孩子的自信；要講究表揚的方式、方法，口頭表揚，

手勢動作表揚，書信表揚，慶賀式表揚，物質鼓勵，外出遊玩，依孩子特點和該表揚內容而定。

美國成功教育學家拿破侖·希爾曾經說過：「每個孩子都有許多優點，而父母恰恰相反，他們總是盯著孩子的缺點，認為，管好孩子的缺點，才能讓孩子更好地成長。其實，這樣做就像蹩腳的工匠，是不可能造出完美瓷器的。」

【名人談教育】

要永遠覺得祖國的土地穩固地在你腳下，要與集體一起生活，要記住，是集體教育了你。哪一天你若和集體脫離，那便是末路的開始。

——奧斯特洛夫斯基

了解孩子的特長

哪怕是身為父母者，也有自己童年的回憶，對於那些一直有所嚮往卻因為條件限制等種種原因沒能實現願望的成人大有人在。這也是很多人覺得不快樂的原因之一。做自己擅長和喜歡的事，就容易做出好成就。這是一個普遍接受的常理。要想讓孩子將來能做自己喜歡和擅長的事情，第一步就是先得讓孩子了解自己真正擅長什麼，喜歡什麼。這是一切培養和教育的起點和根基。現在很多成人不喜歡自己的工作，每天工作都不開心，但如果你真正問他最喜歡和最擅長做的是什麼，絕大多數的人都沒有辦法回答。原因就是他們自己也不知道自己真正擅長什麼，天賦特長是什麼。

想要發展孩子的能力，就要先了解孩子的特長，這樣才能讓孩子在掌握本領的同時，擁有一片晴朗的藍天和未來的發展。每個人都有不同的敏感領域，人的特殊才能在個體間是有很大差異的。雖然說人透過努力，他的某一方面或某幾方面才能能夠得到一定的發展，但像音樂才能、表演才能這些特殊才能在很大程度上受遺傳

37

他不是你的棋子
從小做孩子的知心好友

素質的影響和後天環境的薰陶，與人的天賦有關。這就是許多家長花了很多的錢、很多的時間和精力為孩子買琴尋師或讓孩子參加各種藝術訓練班，結果大多不理想、不得不半途而廢的原因所在。

特長不是憑空產生的，是透過興趣、愛好一步步轉化而來，以至於有些家長把它們混為一談。興趣只是人對事物的一種喜歡的情緒。比如孩子對彈奏鋼琴有興趣，他會非常關注老師彈琴，會經常有意識地欣賞鋼琴演奏，談話時也會很自然地涉及到關於鋼琴的內容。但這並不能說他愛好鋼琴。只有當他對彈琴產生了濃厚的興趣，經常地、自覺地去堅持練習，才能說具有這方面的愛好。當他彈奏鋼琴已達到相當的水準，甚至達到一定級別時，我們才說他具有彈奏鋼琴方面的特長。

也可以說特長是從興趣中培養出來的，同時，特長必須以在這方面的特殊才能、天賦為前提。某種意義上說，特長是孩子的潛在特殊才能的外在表現。所以，及時地發現孩子在某一方面是否具有潛在的特殊才能，對於培養孩子的特長是非常重要的。

每一個孩子都會有他擅長的部分，對家長而言，在認真了解孩子一般智力水準的基礎上，進一步認真觀察和了解孩子特殊才能方面的情況，是十分必要的。這樣才能做到心知肚明，對孩子在特殊才能方面的情況有一個科學的了解，然後因人而異，量力而教，否則就會影響孩子的正常發展，挫傷孩子在其他方面發展的積極性。

【名人談教育】

貧農特別吃沒有文化的虧，特別需要受教育。

——列寧

了解孩子的愛好

很多家長都怕孩子輸在起跑線上，讓孩子學這個學那個，總想把孩子培養成某

些方面的天才。殊不知，孩子的未來不應該由家長去設計，也絕不是家長可以設計的。然而，他們恰恰忽視了一個最根本的道理，人的興趣不僅是在需要的基礎上產生的，而且也是在需要的基礎上發展的。其結果往往是好心辦了壞事。當然，作為父母，不能只欣賞孩子的興趣，還要善於發現孩子的興趣。

當然也不是說對孩子就該放任不管，任其自然發展。單靠提要求、嚴格管教或者是一味的表揚都不是最好的辦法，善於教育孩子的父母應該創設與孩子共同活動的環境和機會，在共同活動中，既可以了解孩子的行為特徵，又能洞察孩子的內心世界，還可以和孩子共同體驗快樂，從而發現並培養孩子的興趣愛好。探聽孩子內心的聲音是最重要的。

國際象棋大師謝軍的脫穎而出，與她的母親尊重孩子的選擇有密不可分的聯繫。那年，謝軍面臨著要麼去棋隊，要麼繼續上學放棄下棋的選擇。她想上學更想去下棋，因為只有她自己知道，只要往棋盤前一坐，她就會無比地暢快、興奮。而媽媽，這位電子工程師，為獨生女兒考慮更多的是她的學業和前途。作為一個有文化素養的媽媽，既不願因家長干預斷送一個確有天才的棋手，也不願女兒為此耽誤一生。

於是，母女間進行了一次很嚴肅的交談，那時謝軍才十二歲。「你很喜歡下棋，對嗎？」小謝軍看著媽媽，從沒見媽媽這麼嚴肅過，有點兒害怕，但依然點點頭。「那好，不過你要記住，下棋這條路是你自己選擇的，既然你選擇了下棋，今後，就要對自己負責任！」

試想，如果當年媽媽硬逼著謝軍讀書，壓制她對國際象棋的愛好，那麼，現在謝軍也許會坐在大學的教室裡，也會少了一位出色的棋手。謝軍的身後，有一個偉大的母親！

要想發現孩子最真實的一面，首先要親近孩子，了解孩子的內心。家長可以充分利用周末、假日，與孩子一起進商店，逛公園，或到樹林裡散步，留心孩子感興

趣的商品、書籍、景物等。此外，家長還可以跟孩子一起寫字、畫畫、讀書、做紙工、修理日用品，一起做家務……孩子在與家長共同活動時，其興趣和愛好便會清楚地表現出來。

1. 讓孩子的好奇心得到充分發展。

大人的世界和孩子的世界是不同的，孩子感興趣的未必是家長感興趣的，於是，好多家長抱怨：「孩子提問，別理就是了，煩都煩死了……」殊不知，孩子愛提問題正是一件好事，說明他有強烈的求知欲和探索精神。孩子愛提問，是受好奇心的驅使，是興趣愛好的標誌，也是其智力活躍的徵兆。家長要善於從發問中，挖掘孩子的興趣愛好，幫助他們解決「為什麼」，認識「是什麼」。

2. 從孩子喜歡從事的活動中發現他的興趣所在。

每個孩子根據他們所接觸的環境，有自己感興趣的東西。以手工勞動和繪畫為例，有的孩子喜歡做汽車、火車、輪船，描繪打仗的場面；而小女孩大多數喜歡畫裝飾圖案和製作穿著各種服裝、梳著花樣髮式的布娃娃等。從孩子的勞動中，就可以發現出孩子在這些方面的興趣和愛好，從而加以培養和引導。

適合自己的才是最好的。一般地，對孩子感興趣的選擇一二，來作為家長培養孩子的方向。不要把那些孩子不感興趣的，不符合孩子特點的，不能滿足孩子需要的拿來培養，這是毋庸置疑的。可不少家長恰恰不是這樣。他們不是把自己的興趣強加於孩子，當作孩子的興趣進行培養，就是把別的孩子的興趣當作自己孩子的興趣。這些家長無不心存美好的願望，望子成龍，望女成鳳，盡心盡力地培養著孩子的興趣與愛好，一心一意地為孩子設計著美好的未來。

【名人談教育】

教育！科學！學會讀書，便是點燃火炬；每個字的每個音節都發射火星。

—— 雨果

觀察孩子最在乎什麼

　　天下沒有家長不愛自己的孩子，可是，不是每一個家長的愛都能被孩子理解。總是有家長抱怨說：我把所有的精力都放在孩子身上了，我努力工作賺錢供他吃喝上學，我培養他各種興趣愛好，我比這世界上任何一個人都希望他將來有美好的生活。為什麼他就是什麼也不願跟我說呢？

　　家長迫切希望了解孩子的心情可以理解，但是孩子慢慢長大，他畢竟有了作為一個獨立的人的思維和個性，只有尊重和理解孩子內心的感受，才能獲得孩子的信任。每個父母都擔負著幫助孩子，教育孩子長大成人的責任。真正了解孩子是一件很不容易的事情，很多父母總是只聽別人怎麼說，對自己孩子的了解卻不準確，這樣會造成許多不必要的矛盾。

　　教育是一門藝術，可是大多數的父母工作都比較忙，在對待教育孩子的問題上沒有什麼可以借鑑的經驗，對於孩子，往往是讓他吃得最好，穿得最舒服，僅此而已，但是對於孩子心裡到底在想些什麼，孩子到底需要些什麼，做父母的往往不能深入了解和洞察。看看老師是怎麼形容她所了解的孩子的內心世界的。

　　那天我正在教室裡寫表格，小瞳走過來坐在我旁邊。她一直靜靜地坐著，什麼話都沒說，一直等我把表格寫完。我很奇怪，因為往常她這個時候都會在戶外活動的，我問：「小瞳，你今天怎麼沒到戶外活動啊？」她說：「老師，我今天晚上要去游泳！」我很驚訝的說：「是嗎？誰帶你去啊？」她說：「是我爸爸媽媽，我每個星期五晚上都要去的！」我問她：「那你喜歡游泳嗎？」她低著頭說：「我不喜歡，可是媽媽硬是讓我去，媽媽說學會了游泳就會幫我買藍色的芭比娃娃！」不知道為什麼我心裡有種酸酸的感覺，小小的孩子感受到了難以面對的壓力。我對小瞳說：「寶貝，你是你自己的主人，沒有人能夠支配你做任何事，包括你的爸爸媽媽。你有權利選擇你喜歡做的事，也有權利拒絕你不喜歡做的事！」小瞳一臉無奈的表情，對

他不是你的棋子
從小做孩子的知心好友

我說：「可是媽媽不會答應的！」我安撫著她：「寶貝，沒關係，總有一天媽媽會尊重你的選擇的，因為她是愛你的……」我不知道該怎麼去幫助她，安慰她，只有抱著她，因為我感覺到了她正需要我抱著她，需要得到愛……

「愛」是理由，可不是藉口。成人往往以「愛」的名義把自己的意願強加給孩子，而這種標榜著「愛」的言與行，其實很少照顧到孩子的內心感受。成人選擇這樣做或者那樣做，更多的是成人自己一廂情願，大多數情況下，孩子只是成人言行合理化的金字招牌。

孩子不會跟一個自以為是、高高在上，跟自己不在一個思維方式上的人探討自己遇到的問題。孩子也有自己的情感，孩子也有自己的自尊心，你用什麼樣的方式對待孩子，孩子的心裡最清楚，他無法用成人的方式表達自己的需要，但是他可以躲在自己的房間裡摔東西，他可以用自己的方式與爸爸媽媽對抗。

大人不要單純以自己看到的或者聽到的判斷孩子的言行。父母除了對孩子給予各方面的關心和照顧之外，還要注意從細小的方面觀察自己的孩子，走進孩子的內心世界，然後採取不同的方法去指導、幫助、培養孩子。很多自以為是的父母並不是真正了解孩子，因為他們不願花時間在這方面下工夫，只是憑藉自己的臆想去判斷孩子。

【名人談教育】

科學書籍讓人免於愚昧，而文藝作品則使人擺脫粗鄙；對真正的教育和對人們的幸福來說，二者同樣的有益和必要。

——車爾尼雪夫斯基

觀察孩子最忌諱什麼

1. 不與孩子交流溝通。

許多家長都有一種權威感，他們骨子裡認為，大人應該保有權威，大人說出的話就是命令，根本就沒有與孩子交流溝通的必要。可是，等孩子上了國中，把自己封閉起來或者與父母嚴重對抗的時候，許多家長這時候才意識到與孩子平等交流溝通的重要性，可這時候孩子卻不願意與你交流了。

隨著孩子年齡的增長，孩子不但不再聽父母的話，反而有意地處處跟父母作對，令很多父母頭疼不已。其實，想要孩子一直把自己當朋友，就不要總是端著家長的架子。從孩子很小的時候起，就應該多傾聽孩子的心聲，就孩子的學習、生活、娛樂、運動、社會交往和情緒情感，與他進行坦誠的、平等的交流，當孩子遇到困難和問題時，及時給孩子提供恰當的指導和幫助，對於孩子的成長和安全都是非常有利的。

不要總是以命令或者不容置疑的語氣與孩子交流。盡量多與你的孩子一同進餐，並一起談論一些輕鬆愉快、不致引發爭議的話題。要徵詢孩子對一些家庭重要問題的意見。

2. 孩子不是家長的附屬品。

許多家長都希望孩子按照大人的意願，成長為大人所希望的樣子，表面上是為孩子著想，其實這種想法是非常自私的。父母雖然給了孩子生命，但是孩子不應該也不可能成為大人的附屬品。因為每一個孩子都是一個獨立的個體，都有自己的思想和情感、興趣和愛好、優點和缺點，他們也可能與父母有著截然不同的人生志向。

我們愛孩子，不是愛我們理想中的孩子，而是要愛現實中的孩子，接受真實的他，為此，我們必須愛他的一切，愛他的優點和缺點，尊重他的興趣和愛好，尊重他的志向和人生選擇。如果你不能接受真實的他，動不動就數落他，會讓孩子覺得

他不是你的棋子
從小做孩子的知心好友

大人不喜歡他，這不僅會導致他們懷疑自己，對自己的能力和表現缺乏信心，而且他們還會因為覺得辜負了父母而感到羞愧和內疚，他就會認為自己令人失望了。

對孩子的評價要做到對事不對人。表揚和批評都只能針對孩子的行為，而不能針對孩子本人。孩子的興趣愛好和人生志向可以引導，但要小心謹慎地進行，並且以尊重孩子的意願為前提。讓孩子活在當下，而不是活在你對他未來的擔憂中。

3. 不能允許孩子犯錯誤。

也許很多父母從理論上知道失敗是成功之母的道理，可是，當自己的孩子做作業出錯、考試出現失利的時候，家長常常就會忘了這句話，而是常常責罵孩子。這種恨鐵不成鋼的心情雖然可以理解，可是這樣做的後果就是給孩子帶來傷害。例如，某次家長會，母親當著全班同學的面指責孩子道：別人考九十多分，你是比別人笨嗎，才考七十多分，你丟不丟臉？考七十多分並不丟臉，當著那麼多人的面挨家長的訓，那才叫丟臉呢。

任何人都不可能是完美的，我們不能指望孩子不犯錯誤，不經歷失敗。如果孩子一犯錯誤、一失敗，我們就責罵孩子，孩子就會變得小心翼翼、誠惶誠恐，進而導致更加糟糕的行為表現。如果孩子失敗之後我們懲罰孩子，還可能誘使孩子欺騙他人、隱瞞自己的失敗，或者根本不敢努力嘗試成功。

只有透過不斷地探索、嘗試，才能走向成熟。我們愛孩子，就是愛他的一切，就要容忍和接受他的一切，包括他犯下的錯誤，因為孩子正是在改正錯誤的過程中逐漸走向成熟的。懲罰和侮辱失敗的孩子只會使情況越來越糟。

【名人談教育】

道德普遍地被認為是人類的最高目的，因此也是教育的最高目的。

——赫爾巴特

觀察孩子喜歡交什麼樣的朋友

孩子有意識地結交同伴是他們接觸世界、認識世界的開始。他們不再把成人作為唯一的依靠對象，開始主動尋求同伴，喜歡和同伴共同參與一些活動，與同伴的交往比以前密切、頻繁和持久。雖然在一起時總是打打鬧鬧，但彼此又難捨難分，其實，孩子會根據自己的心理需求尋找合適的遊戲伙伴，這一點不用家長擔心。

1. 在有約束的前提下尊重孩子的朋友。

交朋友是孩子形成自主意識的開始。孩子有他的獨特的交友風格，能和另一個小朋友成為朋友，說明他具有一定的與人交往的能力，不管他結交了什麼樣的朋友（有反社會行為的除外），都應該充分尊重，因為他能從這些朋友身上學到他想要的東西。

孩子畢竟還缺乏完整的判斷力，交什麼樣的朋友應該在家長的監督下。在孩子交往過程中，儘管需要父母的指導，但父母也要尊重他們的選擇，讓他們有一定的自主權。在選擇朋友方面，父母和孩子的意見常常會不一致，只要對方不是品行太差，還是盡量先尊重孩子的意見，然後在他們交往的過程中，進行積極的引導和幫助。

孩子只有在感受到尊重的基礎上才能學會尊重別人和父母。父母這樣做，既可以表示自己對孩子的尊重，也可以進一步密切與孩子的關係。尊重孩子的朋友，不僅可以讓孩子感覺到父母對他的尊重而更加信賴父母，而且還可以促進孩子之間的友誼和交往，促使他們互相幫助、互相學習。

2. 將孩子帶入廣闊的空間，給他們提供交往的機會。

即使父母感覺到孩子交的朋友在人品或性格上有缺陷，也不要強硬地制止他們交往，因為孩子無法以大人的眼光看待問題，父母要在不知不覺中將孩子帶出這樣的交友圈。要充分利用他們喜歡交往的心理，因勢利導，正確地引導和幫助他們建

立純真的友誼。在家庭生活中，應注意給孩子留有一定的自由活動的時間和空間，為他們提供獨自交往的機會。

如果孩子不愛交朋友，家長應該積極幫孩子尋找。比如鼓勵孩子與家附近的孩子一起玩，與同事或同學的孩子一起玩。並適時和孩子討論他們交往的情況，幫助孩子分析並做出選擇。另外，要歡迎孩子的朋友到家裡來。把孩子的朋友當成自己的朋友一樣，採取熱情歡迎的態度。讓孩子的朋友感覺到你對他們的支持和賞識。

3. 切勿用成人的觀念衡量孩子的同伴關係。

有的家長總是喜歡告訴孩子，要和學習好的孩子交往，或者和聽話的孩子交往等。但是他們交友的方式和目的同成年人不同，看起來沒有什麼交友原則。如果將成人的交往原則灌輸給孩子，孩子不但不會真正學會與人交往，還會受到成人功利性交往行為的副作用。

要鼓勵孩子和眾多不同的朋友交往，在與同伴們的交往中培養群體意識，可以克服孩子過強的個體意識。朋友之間的群體生活可以克服孩子以自我為中心的毛病，讓他們遵從群體活動規則，認識到每個人的權利和義務。如果只顧自己，就會受到朋友們的排斥，孩子會看不起他，不跟他玩，將會促使孩子最終向群體規範「投降」。「合群」是人的重要品質和能力，這是父母無法口授給孩子的。

【名人談教育】

既然習慣是人生的主宰，人們就應當努力求得好的習慣。習慣如果是在幼年就起始的，那就是最完美的習慣，這是一定的，這個我們叫做教育。教育其實是一種從早年就起始的習慣。

——培根

了解孩子最喜歡吃什麼

　　很多家長都有這樣的困惑，孩子寧可去吃各種沒有營養的小零食，也不愛吃父母做出來的飯菜，還常常埋怨為什麼家裡的飯菜不如某某同學家做的好吃。聽到這些，相信任何家長都會有挫敗感。還有的孩子偏愛洋快餐和各種零食，覺得那才是潮流和美味，儘管稍大的孩子們也知道，有些飲食是有害處的，不過還是抵擋不了對他們的誘惑。

　　中小學生正處於快速生長發育期，膳食中某些營養素，如蛋白質、鐵、鈣、鋅、碘攝入不足的現象在某些地區時有發生，其他營養素的不足也會在特定條件下發生。因此，青少年日常飲食應多樣化，以提供充足、全面、均衡的營養，保證身體發育所需。青春期飲食應注意哪些方面呢？

1. 注重飲食多樣化，在食品造型上給孩子新鮮感。

　　孩子挑食是每個家長都遇到過的情況，比如，孩子明明已經吃得很多了，他自己感到很撐了，還硬要勸孩子多吃點；或者完全不管孩子的營養過剩的問題，養成了很多小胖子，當孩子們自己認識到自己形體問題的時候，往往就會刻意少吃東西了；還有的時候，賓朋滿座，孩子覺得自己已經長大了，可家長還是像對待孩子一樣不停地勸其多吃，為其夾菜，孩子會覺得很沒面子，自然不愛吃東西了；更多時候，是孩子不喜歡某種食品的造型和味道。這時就要家長花些心思改變孩子對這種食物的看法。

　　豆豆今年十一歲了，正是長身體需要各種營養的時候，可是偏偏特別不愛吃黑木耳和胡蘿蔔。無論將這兩種食材做成什麼菜都引不起孩子的興趣。豆豆媽媽很不理解，但是沒有強迫豆豆，而是問豆豆為什麼不愛吃這種東西呢？豆豆說：「黑木耳的樣子好像從地獄裡長出來的，胡蘿蔔味道很奇怪，又不甜又不鹹。」於是媽媽趁著有一天小朋友在家裡玩，做了一頓豐盛的午餐招待豆豆的朋友，餐桌上就有一道

黑木耳拌的涼菜，豆豆的朋友很愛吃這道清涼爽口的涼菜，豆豆驚訝地看著朋友。這時，媽媽不失時機地說：「豆豆，你看，這木耳的形狀像不像大地的耳朵呀？」豆豆果然從此不再反感吃木耳了。媽媽又把胡蘿蔔攪碎，和其他蔬菜混合做成顏色豔麗、口感鬆軟的蔬菜小餅，也讓豆豆從此愛上胡蘿蔔，對媽媽更崇拜了。

2. 保證魚、肉、蛋、奶、豆類和蔬菜、水果的攝入。

青春發育期對蛋白質需要量的增加尤為突出，每日達八十到九十克，所以膳食中應有足夠的動物性食物和大豆類食物，維生素 A、B、C、D 族及鈣、磷、鋅、鐵等礦物質對青少年的體力及腦力發育具有重要的作用，尤其是鈣的攝入，所以膳食中不可缺少奶及奶類食品。

3. 飲食結構忌單一，要涉及各種營養。

對於女孩子來說，由於社會風氣和習俗影響過多注重自己的體型，盲目減肥甚至節食，可能會嚴重影響孩子的攝食行為，而女孩子的生理發育特點又要求食入脂肪不能過少；少女每天能量供給的百分之二十五到百分之三十應該來自於脂肪，其中動物性脂肪和植物性脂肪的比例為一比二最好；有益健康的零食有牛奶、優格等奶製品，各種新鮮蔬菜和水果及花生、核桃等堅果類食品。此外，吃零食的量不要過多，不要影響正餐。

4. 養成吃早餐的好習慣。

一天之計在於晨，早餐對一天的學習效率都非常重要。必要時課間加一杯牛奶或豆漿；營養充足的早餐不僅保證了青少年身體的正常發育，對其學習效率的提高也起到不容忽視的作用。

5. 對於學業繁重的孩子，期間更要注意營養和飲食的安排。

腦力勞動對營養的消耗量等同於體力勞動。人體處於緊張狀態下，一些營養素如蛋白質、維生素 A 和維生素 C 的消耗會增加。要注意這些營養素的補充，像魚、

瘦肉、肝、牛奶、豆製品等食物中就含有豐富的蛋白質和維生素，新鮮的蔬菜和水果中含有豐富的維生素 C 和礦物質。

【名人談教育】

事實上教育便是一種早期的習慣。

—— 林肯

了解孩子最信任的人是誰

家長有沒有想過這樣的問題，如果問孩子們生活中誰最值得信任，孩子們會怎麼回答呢？八成孩子的首選不是媽媽。也許有人不相信這樣的結果，事實上，近日某小學做了一項調查，調查結果顯示，排行前三的是爸爸、同學、媽媽，百分之八十的孩子首選不是媽媽。

這個結果可能讓家長大跌眼鏡。據了解，這項調查是在該小學四年級至六年級五百八十多名學生中展開的，要求學生寫出四個生活中特別信任的人。其中，把「媽媽」作為信任首選的有九十九名學生，只占總數的百分之十七，排在「爸爸」和「同學」之後，列第三位；首選爸爸作為特別信任的人有一百六十人，占總數的百分之二十七，排在第一位，首選同學的有一百二十六人，占百分之二十一，排在第二位；首選老師和朋友的分別為一百人和四十九人，排在四、五位。

那麼，是什麼造成了這些每天為孩子操碎了心的母親，在孩子們心裡的信任度還不如同學呢？因為許多家長不知道怎樣和孩子交流。家長應改變控制孩子的意願，尊重孩子，在態度上以朋友相待；讓孩子有時間有空間做自己的事，體驗成功的喜悅、失敗的痛苦；孩子犯錯時，家長批評要就事論事，引導他怎麼做，而不是數落、責罵；孩子高興的時候、傷心的時候、遇到困難的時候，家長不要錯過關心孩子、傾聽孩子的機會。

他不是你的棋子
從小做孩子的知心好友

在這次調查中，一位叫小童的五年級女孩填寫的四個「特別信任的人」依次為：爸爸、老師、同學、媽媽。當問到為什麼把媽媽排在最後時，小童說：「因為媽媽也不信任我。」接著小童又說了她的心裡話，她媽媽愛嘮叨，經常說她幼稚，還經常說「小孩子不懂事，不要搗亂。」因此，她對媽媽很反感。但她爸爸不一樣，她爸爸說話總能心平氣和，所以，小童有心裡話願意和爸爸說。

六年級的小涵首選同學為最信任的人。他說，在家看會兒電視，媽媽害怕影響學習；上網玩會兒遊戲，又會擔心我沉溺網路；什麼時候吃飯、睡覺都得她出主意。所以，同學和好朋友之間能互相理解。

小凡是個還算乖巧的孩子，今年十歲，媽媽拿到問題調查表，其中有一道題目是讓自己的孩子說出自己對家長和老師想說的話和建議。她把小凡叫過來，原以為她會很痛快地說出來，沒想到，孩子卻說：「反正你又做不到，說了也白說，我還是不說了。」

孩子的這些反應和回答，常常讓大人在不知所措的同時頗為傷心。因為沒有什麼比父母發現他不了解自己的孩子，孩子不信任他更有挫敗感的了。一般孩子不信任家長，是由以下幾個原因引起的：

1. 家長沒有給予孩子應有的信任，和他們自己的心靈空間，不尊重孩子，不讓孩子有自己的思想和獨特的見解，非要讓他按照家長的意願來做這做那，而且有時候總想干涉孩子的隱私，使孩子覺得自己跟家長間產生了隔閡。比如家長偷看孩子的日記本，偷翻孩子的書包，抽屜等，還自以為孩子沒有發現。

2. 家長常常對孩子做出承諾，卻因為種種原因不能實現諾言，事後卻不向孩子道歉，而是找藉口推托，損壞了自己在孩子心目中的形象。答應陪孩子去遊樂園或去買東西，可是因為某些原因沒有去，事後卻認為沒什麼大不了，根本不向孩子道歉。

3. 家長總是以一種懷疑的態度來對待孩子所做的事，不信任自己的孩子，再加上不經常和孩子溝通，便讓孩子對父母失去了信任。

4. 家長總是以自己的生長經歷去要求孩子。缺乏教育孩子的知識，用傳統的教育方式束縛孩子，而不去考慮孩子在不同年齡段，生理、心理的變化特點，不了解孩子的心理需求，和孩子之間產生了代溝。比如有的孩子想要買一些流行的服飾，但是家長卻認為很「另類」，斷然拒絕。

5. 很多家長以為供給孩子吃喝和好的學習環境就足夠了，不能多陪陪孩子，而是用物質上的滿足來補償，但是這樣也會使孩子很失望。比如孩子過生日家長也不能回家，只是買了豪華的禮物給孩子，但是孩子根本不會快樂。

【名人談教育】

習慣真是一種頑強而巨大的力量，它可以主宰人生。因此，人自幼就應該透過完美的教育，去建立一種好的習慣。

——培根

了解孩子最近的變化

大人總是喜歡用這句話形容孩子：孩子長大了，翅膀硬了，不聽我的了。年輕的父母經常產生這樣的疑惑：自己的孩子怎麼啦？過去的乖孩子怎麼變叛逆了？穿前衛的服裝，留新潮的髮型，滿口「酷斃」、「帥呆」；喜歡震耳欲聾的搖滾樂；情緒多變，易怒好鬥，總想顯示自己的力量；給抽屜上鎖，或用帶鎖的日記本；往往說不了兩句話就是「你不懂」，和父母的距離越來越遠。望著日益陌生的孩子，父母既感到手足無措，又充滿了失落感。這是青春期的少年所特有的行為特徵，是他們走向成熟的標誌，社會的發展又為他們刻下了鮮明的時代烙印。

其實在這迷茫的過程中孩子是很希望有一個它能夠信任的長輩給予他關懷和指

他不是你的棋子
從小做孩子的知心好友

導的，只是大多數長輩無法取得孩子們的信任。不是孩子變化快只因很多家長不明白緣由。

青春期的孩子一般都有如下特點。

1. 追求獨立自主。隨著少男少女自我意識的形成，他們的獨立性急劇增強，他們不再被動地聽從父母的教誨和安排，表現出「順從」和「聽話」，而是渴望用自己的眼睛看世界，用自己的標準衡量是非曲直，做自己命運的主人。

2. 情緒會嚴重波動。他們既會為一時的成功而激動不已，也會為小小的失意而抑鬱消沉。他們情緒多變，經常出現莫名的煩惱、焦慮。

3. 學會「鎖」住隱私。進入青春期，少男少女結束了「少年不知愁滋味」的孩童時代，進入了「多事之秋」。此時由於心理的不斷發展，他們的情緒自控能力比孩提時有了比較大的提高，學會掩飾、隱藏自己的真實情緒，出現心理「閉鎖」的特點。

4. 心理向成熟過渡。青春期是長大成人的開始，是由不成熟向成熟的過渡，這一過程對他們來說是漫長而痛苦的。此時，他們既非大人，又非孩子，原來的孩童世界已被打破，但新的成人世界又尚未建立。因此，他們的內心充滿了矛盾和衝突。比如理想與現實、愛好與學業、感情與理智、自尊和自卑的衝突與矛盾等。

5. 行為易衝動。美國和加拿大學者的最新研究指出，人的大腦中有一個重要的控制中心，負責控制感情和衝動，要到成年早期才能完全成熟。換句話說，在青春期青少年的大腦中，控制神經尚未發育成熟。這是他們行為易衝動的原因。

針對這些情況，家長要想讓孩子聽你的，就要了解孩子的心理特徵，把他們當朋友，取得孩子們的信任，保持平和的心態，用積極的態度、科學的知識、正確的方法引導孩子。父母要掌握一定的教育學、心理學方面的知識，特別是與青春期相

關的知識，從科學的角度為孩子提供心理輔導和行為幫助，起到雪中送炭的作用。這樣，孩子才能心服口服，最終由「信其師」到「及其道」。

不要對孩子的變化橫加指責，先要理解、接納孩子。孩子出現的一系列身心變化，孩子自己也是始料不及、難以控制的，此時特別需要父母的理解和接納。千萬不要看到孩子的某些變化，或者發現孩子的反常行為就大呼小叫，更不要打罵訓斥。否則，只會加劇孩子的叛逆心理，增加與父母的隔閡。多和孩子討論他們感興趣的話題，並且不要以大人的視角妄下定論，或強行命令。民主型的家庭教育模式最有助於孩子的成長。

德國的托馬斯白厄爾是一位教師和同時也是一位父親，他在《青春期的恐怖》一書中，向家長提出十條「教育青少年的正確方法」。其中包括：不要對他們提過高的要求；不要指責他們的業餘愛好、穿什麼衣服、喜歡的音樂或活動的圈子；不要干涉他們喜歡美國搖滾還是流行音樂；不要阻止他們喜歡的體育活動；不要盤問、猜疑孩子，讓他們保持自信和自尊；不要過多干涉孩子的私事和自由，讓他們感覺到獨立和寬鬆等。

【名人談教育】

君子有三樂，而王天下不與存焉。父母俱存，兄弟無故，一樂也；仰不愧於天，俯不怍於人，二樂也；得天下英才而教育之，三樂也。君子有三樂，而王天下不與存焉。

——孟子

順應孩子的天性，依照興趣培養孩子

唐代著名文學家柳宗元寫過一篇《種樹郭橐駝傳》，其中有這樣一句話：「能順之天以致其性」。是說要想種好樹，就要順應樹木的天性。愛之太深會導致樹木之性

他不是你的棋子
從小做孩子的知心好友

日以離。柳宗元的這篇文章是由種樹談養人，諷刺了當時官吏繁政擾民的現象。其實植樹和樹人的道理是相通的，教育孩子也應該順應自然規律，不能太過或不及，更不能人為束縛和戕害孩子身心的發展，不能揠苗助長，也不能恨鐵不成鋼。教育是一項複雜的工程，也是技巧性很強的，無論採用什麼方法，其根本應該是不扼殺孩子的天性。

楊濤的媽媽一直從事藝術教育，所以在孩子剛念小學的時候就為他請了鋼琴教師。然而不久夫妻倆就發現，孩子雖然繼承了他們感受音樂的「耳朵」，但是他對自然界現象更感興趣。每當帶他參加學校裡大學生的活動時，他總愛纏著理科的學生問許多問題，然後自己去找化學、物理教科書看。這種「主動」，與扭頭巴望著練琴時間趕快結束的他判若兩人。

開始楊濤的父母很不以為然，還是盯著他去完成每天的練習曲，只是並不阻止他看各種化學書或者鼓搗家裡一切可以成為他「做化學實驗」的東西。結果不久楊濤的父母從孩子的同學那裡聽說，自己兒子的化學知識已經達到國三學生的水準了！驚訝之餘，楊濤的父母重新審視自己的教育方法並且請教了有關的專家，最後採納了「順應孩子的興趣與天賦，讓孩子自己選擇課餘愛好」的建議。

現在，楊濤由於電腦和化學成績優異已被保送上了醫科大學。他不僅可以天天進入他的科學世界，而且還能用電腦按照媽媽的要求，以他對音樂的理解和感受為媽媽剪輯甚至改編舞蹈教學音樂。

三百六十行，行行出狀元。只要「手藝精」，不怕沒有出路。與其分散注意力到很多事情上，不如集中到一件事上。畢竟人的精力是有限的，如果孩子不具有同時做好多件事情的能力，那就發揮孩子的天性，幹好力所能及的，一樣會有一片屬於孩子的天空。

沒有父母不希望自己的孩子擁有自己美好的未來。夢的實現不只是在《阿甘正傳》中才有。美國精神之父愛默生說：「每個人都是天使。」天使們各司其責，各有

所長。每個人都應充分利用先天賦予的特質，去發揮自己最大的潛能。

在讓孩子參加什麼課外活動的問題上，很多家長感到困惑。其實，孩子有著自己先天的氣質，這個是沒有辦法選擇的。氣質中的膽汁質和多血質類型容易形成外向性格，黏液質和抑鬱質氣質類型容易形成內向性格。看看阿甘的媽媽是如何用自己對阿甘的愛和鼓勵，使小阿甘能在他人怪異的目光下藉助行走支架行走自如，還使阿甘具有了良好的個性。這為他後來成為富翁打下了基礎。阿甘是個樂觀、積極向上的人，他沒有因為不幸而個性怪僻，沉淪下去。

天下沒有一無是處的孩子，無論他有著怎樣的不足。內向有內向的好，有適合內向孩子發展的職業前景與機會；外向有外向的好，同樣也有適合外向孩子發展的職業前景與機會。發揮孩子氣質的優勢，同時培養良好的個性與習慣彌補先天氣質的不足。如果孩子內向膽子小，就多給孩子創造一些鍛煉的機會，使孩子透過家長充滿耐心、愛心的表揚、信任和期待，擁有積極向上的動力，變得自信、自尊，最終真的成為一個有著美好未來的人。

【名人談教育】

作為一個父親，最大的樂趣就在於：在其有生之年，能夠根據自己走過的路來啟發教育子女。

——蒙田

放手讓孩子去做他們能做的事

現在生活條件日益提高了，子女的數量越來越少了，但是，在青少年的教育上也存在諸多誤區，甚至是弊病，那就是過度的溺愛，對孩子的所有事情，家長都要越俎代庖，不願放手。結果造成孩子的諸多行為能力嚴重退化，到最後，孩子成為高智商的「低能兒」。

他不是你的棋子
從小做孩子的知心好友

　　班裡有個男孩叫彬彬，同學們對他的意見特別大，因為他換下來的臭襪子從來不洗。問他為什麼，他說他媽媽不讓他洗，所以這個男生的媽媽每兩天來學校一次，把他換洗的衣服拿回家洗。剛開始的時候，老師還不知道，後來老師知道了這樣的事情，就索性在放學之後，來到寢室直接看著他洗襪子。當他媽媽知道這件事情以後還有點不高興，經過老師和家長的多次交流，他媽媽似乎也改變了很多。一次在家長練習冊上，彬彬媽媽給老師留言，說以前總放心不下自己的孩子，總擔心他這裡那裡不適應，這裡那裡受委屈，總覺得孩子還小，這個不會那個不會的，所以一些事情都悉心地照顧著，但是透過這一段時間的鍛煉，原來，兒子其實比自己想像的要獨立很多自立很多，只是以前沒有給孩子機會。

　　孩子從出生就開始享受到無窮無盡的愛，做父母的總是為孩子操心，怕這怕那，說到底就是不相信孩子的能力。孩子剛會走時，怕孩子摔倒，但他們不知，其實孩子正是在摔倒了又爬起來的過程中慢慢學會了走路；孩子明明在離得很近的學校上學，可家長每天都要去接，大人受累不說，孩子還埋怨家長的做法讓他自尊心受損，在同學面前抬不起頭……終歸孩子在一天天長大，終歸是孩子自己去處理一個又一個令他們頭痛的問題。

　　每一個父母對孩子都有著一種「掏心挖肺」的愛，很多時候，父母如果能夠適當地放手，其實更是給孩子一個自由發展的空間。當愛變成一個禁錮的籠子，那麼，這時候如果能心甘情願地放開那雙保護著的手，讓對方自由飛翔，讓其擁有自己的一片天，相信這不僅是一個選擇，而且更是一種尊重。

　　孩子需要發展的空間，他也有思想。我認為在孩子成長的過程中，父母最主要的是對孩子的尊重和讚揚，而不是一味的包攬他所有的事情。要相信：他什麼事都能做得好。這樣就給了孩子最基本的信心，有了信心、再加上努力，離成功已經不遠了。

　　放手並不意味著放任。作為家長，沒有一個人不關心自己的親骨肉，所以，家

長需要的是給孩子能夠避風的港灣，給孩子愛。但是，如果我們能夠給孩子施展自己才華和能力的空間，如果我們能夠給孩子創設一片屬於他們獨立的廣闊的天空，讓他們自由地飛翔，快樂地成長，這何嘗不是一種愛呢。

【名人談教育】

學校的理想是：不要讓任何一個在智力方面沒有受過訓練的人進入生活。愚蠢的人對社會來說是危險的，不管他們受過哪一級的教育。

——蘇霍姆林斯基

他不是你的棋子
從小做孩子的知心好友

第 3 章 尊重孩子才是真正的愛孩子

教育孩子的前提是尊重孩子

1. 孩子也有自尊心，讓孩子聽話的前提是尊重他們的自尊心和個性。

很多父母缺乏耐心，對子女的不良行為煩躁不解、焦慮不安，主要是對子女的身心發展特點和生理、心理變化缺乏了解。所以，即使你按照自己的想法關心子女，也只能經常挑起父母子女間無謂的衝突。

2. 尊重孩子的意見和選擇。

不要什麼事情都替孩子做主。要尊重孩子的意見並認真分析。把孩子當成有獨立人格的人，就要尊重和聽取他們的意見，不僅要聽，還要分析，對的採納，不對的也能及時了解他們的想法並加以糾正。尊重孩子的選擇是孩子成才的一條重要規律。無數人成長的實踐證明，只有尊重孩子的選擇才能促進孩子的興趣、愛好，發揮他的特點，使之成才。

郝雷的爸爸是一位開明的家長，他和兒子之間早就訂下了一條原則，凡是郝雷學習生活上的事情，比如上什麼才藝班、考哪所高中，爸爸的意見都是參考，最後決定權在郝雷這裡。「其實孩子還是挺成熟的，知道目標要跟著現實逐步提高，他小學、國中都是普通學校，成績並不突出，他的目光就放在其他高中，進入國二後尤其到了國三，成績一路領先了，他就開始對第一志願有想法了。而我就是旁邊的一個配角，退步時給他鼓鼓勁，進步時給他適當地『潑點冷水』。」

給孩子自主選擇的權利，實際上是讓孩子盡早擁有識別是非的能力，這對孩子的未來十分重要。因為選擇是權利的體現。根據孩子自身的特點來鼓勵和引導其成

長，尊重孩子的選擇，要用自己的行動鼓勵孩子勇敢面對困難，面對失敗。在現實生活中，鼓勵和引導孩子主動去選擇，就要讓孩子承擔由自己選擇所帶來的喜悅和痛苦，只有提供充分的選擇機會，孩子才有個性發展的空間。

3. 尊重孩子的隱私權

孩子已經有了自己獨立的人格，同時也就有了擁有獨立心靈空間的需求。要為孩子保留一點「小祕密」，包括過去和現在的「隱私」、「祕密」。當然，尊重並不是放縱，允許孩子有自己的隱私，並不是撒手不管。尊重孩子與家長適時引導是相輔相成的。只有尊重孩子，在關鍵時刻和關鍵場合孩子才會把真心話向家長講，得到及時的幫助，才能真正保護孩子。

因為怕孩子學壞，或者其他原因。一旦發現孩子有了隱私，許多做父母的總是千方百計地去偵察，如翻抽屜看日記、拆信件，甚至打罵訓斥。殊不知這種做法會傷害孩子的自尊心，造成孩子沉重的精神壓力，甚至產生敵意和反抗，採取全方位的訊息封鎖和防備措施，導致父母與孩子關係的惡化。

想要打開孩子的心靈世界，最好的辦法就是主動以平等的態度與孩子多交談，談父母在與他同齡時的一些所思所想、成功和挫折，甚至談一些當初的隱私，談自己對事物的看法和想法，傾聽和徵求孩子的意見和建議，使自己成為孩子可以信賴的朋友。一段時間後，孩子會願意把自己心中的祕密告訴父母，這樣才能了解和掌握孩子的隱私，給予必要的指點和教育。

同時，孩子是在學會長大，而不能讓其他人代替他長大。要培養孩子的自我教育能力。獲取有關孩子隱私的訊息，即使有些越軌和不良因素，也不必大驚失色、毆打辱罵，可以與孩子一起討論理想、事業、道德、人生觀、價值觀等問題，引導孩子自己悟出為人處世的真理，提高孩子按規範調整自己行為的能力。

【名人談教育】

教育技巧的全部訣竅就在於抓住兒童的這種上進心，這種道德上的自勉。要是

兒童自己不求上進，不知自勉，任何教育者就都不能在他的身上培養出好的品質。

可是只有在教師首先看到兒童優點的那些地方，兒童才會產生上進心。

——蘇霍姆林斯基

愛和尊重不能混為一談

　　相信世上沒有不愛孩子的父母，然而毋庸置疑的是，傷害孩子最多的可能恰恰是家長。因為不夠尊重孩子導致孩子和至親產生隔閡的例子已經不在少數。每個人都渴望得到別人的尊重，孩子也同樣。一個孩子得到大人的尊重，長大後他也就會懂得該如何去尊重他人。孩子健全的個性是在自信和自尊的條件下培養起來的。所以父母要尊重孩子的興趣、愛好。就像你不能在眾人面前訓斥同事一樣，也不應在別人面前議論或羞辱自己的孩子，傷害孩子。

　　尊重孩子，要做到以下幾點：

1. 孩子不是被剝奪權利的犯人，要尊重孩子的基本權利。

　　快要小學畢業的佳佳，迎來了她小學階段的最後一個暑假，可是，這個暑假卻讓她感到痛苦。因為父母定了新家規：在家只能說英語，否則就要受罰。和客人交流也只能說英語，即使客人用中文和她說話，她也必須用英語作答。除了這種家規，父母還給她定軍事化的作息時間表，直到暑假結束。即便在生病時，也要嚴格執行，美其名曰磨煉孩子的意志力，培養孩子的好習慣。

　　人在有選擇時才會感到身心舒適，被強迫時對任何事情都會有叛逆心理。「父母皆禍害」的網路討論小組的出現，就是再直白不過的證明。教育就是培養好習慣，這沒錯。但所有的事，都必須適度，也就是掌握平衡。教育也同樣，愛孩子首先要尊重孩子。否則，教育難有成效。每一個父母，都曾有過自己的童年，而最美好的童年回憶，還是那些能自由支配的時光。請父母——已經長大的孩子，別忘記這個

常識。

2. 在人生的不同階段教育有不同的側重點，要遵循孩子成長發展的自然規律。

每個父母不該重蹈揠苗助長的覆轍。教育家盧梭說過：「大自然希望孩子在成人以前，就要像孩子的樣子。如果我們打亂這個次序，就會造成一些果實早熟，它們長得既不豐滿也不甜美，而且很快就會腐爛。就是說，我們將造就一些年紀輕輕的博士和老態龍鐘的孩子。」其實，孩子們需要的是自然發展的時間表，父母應讓他們逐個地、循序漸進地走完每一個發展階段。

3. 孩子總是要脫離父母監護的，要尊重孩子的獨立人格和自我意識。

很多父母總是不管什麼事情都要替孩子完成，而剝奪了孩子學習與鍛鍊的機會。當孩子什麼也不會做或什麼也做不好時，卻又受到父母的指責與埋怨，這對孩子來說是不公平的。作為父母應隨著孩子年齡的增長和獨立意識的增強，透過各種方式以實際行動給予支持，如對孩子表示信任。自尊心是孩子做人的根本，不要以任何形式傷害它。

4. 我的地盤聽我的，給孩子一定的自由空間。

為什麼現在的孩子喜歡自閉，享盡榮華卻反而感受不到快樂？為什麼父母為了孩子省吃儉用，卻得不到孩子的理解？原因就在於，現在的孩子受父母支配太多、指責太多，孩子自我激勵能力很弱，創造能力和想像力的發展受到壓制，好奇心也受到打擊，他們很難發現自我價值。同時孩子們由於過早地承受太多的學習壓力，從而早早地失去了童年的樂趣，沒有正常孩子那樣的歡樂，這將影響他們的社交能力和其他各種能力的發展及心理發育。

5. 相信每個孩子都是天使，像讚賞別人家的孩子一樣鼓勵自己的孩子。

孩子不可能都是千篇一律的，孩子之間存在著一定的個體差異，這並不奇怪。

可有些父母總喜歡拿自己的孩子與別人的孩子比。當自己的孩子比別人強時，父母就沾沾自喜，反之就不停地數落、諷刺、挖苦孩子，這樣很容易使孩子消沉、迷惘。你應該認真研究你的孩子，發現他們之間的差異，並且欣賞他們的特質。

當然，尊重孩子並不是一味地順從孩子，而應追求尊重與約束的和諧統一。作為父母，要放下架子，把自己放在與孩子平等的位置上，努力尋求與孩子心理上的溝通與默契。愛孩子，尊重孩子，使他們從中感受到父母的愛和自身的價值，並由此學會尊重父母、尊重他人。

【名人談教育】

教育者的關注和愛護在學生的心靈上會留下不可磨滅的印象。

——蘇霍姆林斯基

尊重孩子成長的規律

就像四季的更迭，潮汐的漲落，大自然中的任何事物的發展都是有規律的，人類的成長也是一樣，家庭教育也一定要循道而行。尊重孩子的天性，尊重孩子的成長規律，否則將被規律所懲罰。比如，很多父母都希望孩子愛讀書，這當然是基於好的出發點。然而也有很多父母在孩子讀書的問題上並不十分尊重孩子的意願，有的甚至採取粗暴干預的態度。有的父母認為孩子讀童話太幼稚，不真實，讀書就要讀名著，讀經典作品，或者把閱讀當成提高寫作水準的工具，忽略閱讀對孩子全面發展、健全人格培養的作用。

教育孩子，讓孩子接受知識，不該是一個痛苦的過程。只有遵循著孩子的成長規律進行教育，孩子心情才會愉悅，接受東西才能更快，將來才會成為國家的棟梁之才。

齊齊今年九歲，是三年級的學生，成績在班裡一直是中上等。齊齊的父母對孩

他不是你的棋子
從小做孩子的知心好友

子的期望很高，所以對齊齊中上等的成績很不滿意。為了使齊齊成績能夠快些提高，父母沒有顧及九歲這個年齡階段的生理心理特點，給他定了一個滿滿的學習計劃，把他所有的時間都用於學習。為了讓齊齊照著計劃做，他的父母還輪流監督他學習。在這個學習計劃執行一段時間後，齊齊的考試成績不僅沒有上去，反而下降了兩名。

在少年階段，培養孩子的學習興趣和好的學習習慣更為重要。父母應該根據孩子各個成長階段的特點，對孩子進行正確的教育，向孩子提出合理的要求，讓孩子學到該年齡段應該學會的東西，養成良好的習慣等，這些對孩子今後的發展有著巨大的作用，是孩子將來成功的基石。

何時管教，怎樣管教，何時放手，讓其獨立，都要在孩子的自身發展有這種需求的時候。因此，父母一定要了解孩子的成長規律，既不能因為疼愛孩子，怕孩子受傷，對孩子事事包辦，限制孩子去做一切課外的事情，這樣最終會導致孩子失去起碼的生活能力，並且養成高高在上、目空一切、不服管教的習慣；也不能無視孩子的生理、心理發育特點，像齊齊的父母那樣對孩子要求過高，揠苗助長。這樣時間長了，孩子不僅容易受挫，同時因為經常達不到父母的要求，還會形成自卑的心理。上面的兩個極端都不利於孩子身心的健康成長。

教育方式不是一成不變的，孩子的成長有規律，父母的教育方式應該隨著孩子的成長特點進行相應改變，這樣的教育方式孩子才易於接受，同時也會及時學到應該掌握的東西。建議家長一定要考慮到孩子發展的自身特點，在教育過程中尊重孩子的發展規律，主要應注重以下幾點：

1. 對孩子的期望值不要過高。

很多父母對孩子總是有沒完沒了的要求。他們不顧孩子的年齡特點，向孩子提出過高的要求，這樣孩子沒有能力達到父母的標準，因此會產生自卑的心理，對學習也會漸漸失去信心，最終父母的期望也將落空。只有根據孩子的年齡特點，給孩

子設定合理的期望值，才會讓孩子在輕鬆完成任務的同時增加自信，這是父母實現期望的正確道路。

2. 循序漸進才是教育的好方法。

孩子慢慢長大，會有自己的想法，父母面對孩子不正確的認識，不能粗暴地處理，否則不僅不會使孩子改變想法，還會增長孩子的叛逆心理。家長應該考慮到孩子的成長特點，給孩子充分的時間，讓事實證明孩子的錯誤，使孩子循序漸進地接受正確的觀點。

3.「揠苗助長」不可取。

人生的不同階段都有不同的特點，父母首先要了解孩子的這些生理與心理特點，然後採取適合孩子特點的方法幫助孩子進步。不給孩子提出超過年齡特點的要求，不揠苗助長，孩子才會向著父母希望的方向發展。

4. 不要讓「才藝班」變成「強化班」。

「才藝班」是為了增加孩子的興趣，可很多家長卻不顧孩子的感受，盲目替孩子做決定。現在的孩子本身學習的任務就很重，如果父母不顧及孩子的年齡所具有的能力、孩子的學習壓力，看別的孩子上才藝班，也強迫自己的孩子去跟著學，這樣不遵循孩子的成長規律，對孩子提過高的要求，只有百害而無一利。

【名人談教育】

一個好的教師，是一個懂得心理學和教育學的人。

——蘇霍姆林斯基

尊重孩子的內心世界

孩子在少年階段，一個最顯著的特點就是：變。生理上在變，心理上也在變。

他不是你的棋子
從小做孩子的知心好友

這個時候，老師常常會發現少數學生難管教；許多家長也會抱怨孩子越來越任性。這種與常理背道而馳，以反常心理狀態來顯示自己高明、非凡的行為，往往來自於叛逆心理。如果不能及時加以引導和教育，很有可能出現青少年對人對事多疑、偏執、冷漠、不合群的病態性格，更嚴重者可能出現犯罪心理。如何應對國中生的叛逆心理，如何引導他們培養良好的道德情操和心理品質，家長要有所「為」，有所「不為」。

在這個階段，家長應該避免以下四種錯誤的教育方式：打罵、體罰。這種教育方法不但不能使孩子認識到錯誤，還會使孩子產生強烈的抵觸情緒，從而愈發倔強、暴躁，甚至走向極端；哄騙、利誘。這樣不利於孩子樹立良好的生活和學習目的性，不利於孩子健康價值觀的養成；諷刺、挖苦。這會使孩子產生自卑心理，失去學習的信心，對家長的教育產生反感；溺愛、遷就。這會使孩子嬌生慣養、更加為所欲為。

1. 哪怕是在犯錯誤的時候，孩子也需要支持，只有站在他的立場上了解問題，才更容易解決問題。

很多家長的困惑是拿孩子無能為力。比如，孩子不寫作業，或者逃學。這時，家長好像遇到了天塌地陷的事一樣，聚集所有的親屬一同去責怪孩子，孩子會有更大的壓力，被所有的人不斷地挑剔，孩子的心態會好嗎？不妨聽聽他們的心聲，說上一句「我願意替你保密」或「我能理解你，我一定會幫助你」。

2. 理解孩子自己獨特的想法。

張女士在孩子學測前夕遇到了困難，她跟老師說：「我女兒今年學測，昨晚剛跟我吵了一架。她非要上師範類院校，將來當老師。可她成績那麼好，老師都說她是第一志願的人才，做老師多屈才！」

「你問過孩子自己嗎，她為什麼想做老師？」老師問。

「也問過，可她說的理由也算不上理由啊。她說將來想過簡單的生活。她喜歡讀

書，做老師正好能看不少書，同時每年還有幾個月假期，可以到各地旅遊。」張女士憤憤地說：「她這不是拿自己的前途開玩笑嗎？她完全可以做公務員、做 CEO，做老師有什麼出息！」

「子非魚焉知魚之樂，也許她的人生觀不是這樣的。做公務員、做 CEO 並非比做老師有出息，我建議你把自己調到孩子的頻道，設身處地考慮一下孩子的感受，對她的感受作反應，而不是對她選擇當老師的舉動作反應。」吳老師說，讓孩子跟你貼心，關鍵是看你的態度如何。孩子的想法下面藏著她的期待，你只有明白孩子的期待，孩子才會給你一個了解他內心渴望的機會，否則，你永遠跟孩子中間隔著距離。

3. 孩子是家庭中的一員，他需要平等的對待。要讓家裡的事，大人的事，和他息息相關。

很多家長因為太溺愛孩子了，只把孩子當成接受的對象，而沒有把他們看成需要為家庭付出的一份子。家長覺得讓孩子穿名牌，吃各種美食，受最好的教育就是愛他，卻往往忽視了孩子「被尊重」的需求。其實，尊重孩子無非就是尊重孩子的發言權和選擇權，但實際上，當孩子對家庭事務發表意見時，或者想自主做一件事情時，多數家長都會說：「你小屁孩兒知道什麼啊！」在一個家庭中，作為一個「人」，他應該有發言權，家長隨意剝奪孩子的這些權利，等於沒有從心底承認孩子是家庭的一員。

【名人談教育】

體力勞動對於小孩子來說，不僅是獲得一定的技能和技巧，也不僅是進行道德教育，而且還是一個廣闊無垠的驚人的豐富的思想世界。這個世界激發著兒童的道德的、智力的、審美的情感，如果沒有這些情感，認識世界就是不可能的。

——蘇霍姆林斯基

他不是你的棋子
從小做孩子的知心好友

請尊重孩子的思考

有一個笑話是這樣的：在一所國際學校裡，教師給各國的學生出了一道題：有誰思考過世界上其他國家糧食緊缺的問題？學生們都說：不知道。非洲學生不知道什麼叫糧食，歐洲學生不知道什麼叫緊缺，美國學生不知道什麼叫其他國家，中國學生不知道什麼叫思考。

某雜誌曾經做過名為《父母心中的好孩子標準》的知心調查。一千九百零四名中小學生父母回答了這個問題，其中選擇聽父母或老師的占百分之十一點八，而選擇有思想，有主見，有獨立思考問題能力的僅占百分之一點二一。

據三百七十二名小學生及其家長所做的調查顯示：百分之六十八點三的孩子說「我想做的事家長不讓我做」；百分之五十三點二的孩子說「我決定的事家長不聽我的意見」；百分之四十六點八的孩子表示「家長不站在我的角度考慮問題」。

家長和孩子的紛爭常常是這樣開頭的：「這孩子怎麼不聽話呢？」「為什麼我一定要聽你的話？」很多家長一方面把「聽話」作為「好孩子」的重要標準，而另一方面在決定與孩子相關的問題時，卻不聽取孩子的意見。專家強調，父母應尊重孩子的意見，讓他們成為自身問題的「專家」。

家長往往在孩子出現問題的時候，才會問一句：當時你為什麼不如何如何？可是家長也該先問問自己，你沒有告訴過孩子呀。長久以來，孩子已經習慣了，家長沒告訴過的事情，根本不會自己動腦筋去解決。獨生子女普遍存在著一個不良的性格特徵，其中之一就是懶惰。由於成人過分的干涉，長此以往，孩子懶於動手動腦，不願獨立思考。家長不聽取孩子的意見，是傷害了他們的「參與權」。父母應多讓孩子參與家庭事務決策，這樣有利於培養孩子主動思考、處理事情的能力，形成更融洽的親子關係。

平時不要抑制孩子一些稀奇古怪的想法，要擅長引導孩子，而不是一味打擊。

培養孩子獨立思考的能力，就是不僅要孩子自己獨立動手去做事，還要孩子獨立的動腦去想問題。獨立思考能力強的孩子，往往具有較強的好奇心。家長應該尊重孩子的好奇心，千萬不要因為孩子提的問題過於幼稚而加以嘲笑，以免傷害孩子的自尊心。

凡是有成就的人，無一不是從小就擅長獨立思考，自己解決問題的人。隨著家教觀念的更新，有一些具有現代家教觀、教子有方的家長，注意創造機會，從小培養孩子獨立生活和獨立思考的能力。家長可以給孩子講一些科學家、發明家成長的故事，以激勵孩子從小立志，培養孩子對學習新知識、探索新問題的興趣。

像其他所有的孩子一樣，小男孩經常纏著媽媽講故事給他聽。一天，媽媽講聰明的小白兔戰勝可惡的大灰狼的故事。他不解地問媽媽：「為什麼小白兔就是好的，大灰狼就是壞的呢？」媽媽先是一愣，接著狠狠給了兒子一耳光，她聲色俱厲地說：「笨蛋，這還用問嗎？」男孩莫名其妙的挨了打，卻不知道自己錯在哪裡。那天晚上，他躲在床上想，你是大人就可以不回答我的問題，就可以不講理嗎？你力氣大就可以隨便打我嗎？從此以後，他不再纏著媽媽講故事，也失去了聽故事的好奇心，但心中卻留下了仇恨，十三歲時就打架傷人。他那有著研究生學歷的媽媽怎麼也不會相信自己的一記重重的耳光不僅剝奪了兒子的提問權，也打飛了兒子的好奇心，打跑了兒子的自尊心，給兒子的心理留下了陰影。

大部分家長為孩子考慮得過多，在生活上照顧得過於仔細，導致部分孩子獨立生活和獨立思維能力的嚴重不足，孩子自控能力非常差，到了大學階段或者出國留學之後，不能很好地適應自學的學習模式，最後長期沉迷於遊戲、賭博等不良狀態中。最典型的是一個家庭非常富有的孩子，到了國外之後專注於物質的享受，花錢沒有節制，一年吃喝玩樂就花掉一百萬元，父母無奈只好把孩子接回來在家待業。

尊重孩子的思考，就要與孩子平等相處。針對一些孩子不能養成良好的行為習慣，專家建議，家長在家庭裡應該形成詳細的「家規」，家規是約束所有人的，包括

他不是你的棋子
從小做孩子的知心好友

孩子和家長。孩子出現問題時，家長應該首先思考自己有哪些不足，而不要一味指責孩子。家長要盡量不在孩子面前表現出缺點，自己不能做到的事情，不要過分要求孩子一定做到。只有父母雙方都積極參與到對孩子的教育中，才能讓孩子全面健康地成長。

【名人談教育】

凡是孩子能做的事情應該讓孩子自己做，不要替代他。

——陳鶴琴

善待孩子的隱私

　　隱私是指不願告訴他人，藏在心裡的祕密。人人都有自己的隱私，孩子也不例外。隨著孩子年齡的增長，他們的生活領域、知識、情感都逐漸豐富起來，孩子的自我意識、自尊意識不斷增強，原先無所顧忌敞開的心扉也漸漸關閉起來。然而，很多父母沒有意識到孩子正在長大，忽略了孩子也會有自己的祕密，總認為自己是孩子的父母，可以盡情進入孩子的世界、隨意闖入孩子的「隱私」，甚至粗暴干涉，拆信、監聽、偷看日記等。

　　佳佳走在上學的路上，忽然想起昨天晚上的作業忘記放進書包裡了，於是急忙往家跑。當她掏出鑰匙打開家門，看到媽媽正從自己房間裡走出來，臉上帶著不自然的表情。佳佳走進房間去拿作業，一推門，愣住了，她看到自己書桌的三個抽屜全部敞開著，自己的日記本、同學們送的生日禮物、賀卡亂七八糟地堆在桌子上。

　　佳佳非常生氣地質問媽媽：「你為什麼翻我的抽屜？」

　　沒想到媽媽卻比她還生氣：「怎麼了？我當媽媽的看看女兒的東西還有錯嗎？」

　　「可是你應該經過我的允許才能看！」佳佳也毫不示弱。

　　「小孩子有什麼允許不允許？別忘了我是你媽媽，好了，快去上學吧！」媽媽毫

不在乎地對佳佳說。

後來，佳佳把書桌上的抽屜都上了鎖，就連日記本都換成了帶鎖的。

很多少男少女，會給自己用的抽屜上加把鎖，好像有什麼祕密。其實，這是一種獨立意識的體現。他們用「鎖」來宣告自己已長大成人，包括父母在內的其他人再不能隨意進入自己的內心世界。

處於青春期的孩子成人化傾向明顯，希望別人尊重他們的自主性、獨立性；隨著生活領域的擴大，知識訊息的增多，他們的內心變得敏感起來，感情變得細膩起來，許多想法開始在內心翻騰，原先敞開的心扉開始漸漸關閉，有了自己的隱私；而且，即使有不少話想說，但觀點已經與長輩不一致了，於是他們與父母的心理溝通明顯減少，轉而向「心愛的日記本」大量傾訴內心的「祕密」，或者在信件中訴說內心的感受。

這種自我意識的增強，是少年人走向社會的前奏曲，對正處於青春發育期的孩子的身心健康影響重大。然而，有的父母卻出於對孩子所謂的關心愛護，千方百計窺探孩子的隱私，一旦有所「發現」便粗暴干預，強迫孩子按照自己設置的理想模式和個人願望來塑造自我。這種父母的「愛心」往往侵犯了孩子的私人空間，成為阻礙其健康成長的絆腳石。

如果父母為了了解孩子而偷看孩子的隱私，這往往會得不償失。事實證明，這樣做只會傷害孩子的自尊，孩子會因為自己的隱私受到侵犯而採取更極端的措施將其保護起來，把自己的心緊緊鎖閉。這樣，父母想了解孩子就變得更加困難了，原本和諧的親子關係也就被父母破壞了。

毫無疑問，保護孩子的「隱祕世界」是對孩子的尊重，父母也會因此贏得孩子的敬重和愛戴。那麼，父母應該如何對待孩子的隱私和祕密呢？

1. 在生活中，父母要密切注意孩子在態度和行為上的細微變化。

社會環境是複雜多變的，一些不健康的因素在悄悄地腐蝕著孩子的心靈。如養

他不是你的棋子
從小做孩子的知心好友

成抽菸喝酒的不良嗜好，結交一些不三不四的朋友，晚間外出甚至徹夜不歸、早戀等一些品行變化和心理動態，父母應及時觀察和掌握孩子的這些「隱祕世界」的蛛絲馬跡，以便正確的引導。

2. 理解溝通，尊重孩子的自尊自由。

孩子慢慢長大，獨立人格逐漸形成，且孩子的「保密性」也會越來越強，如寫日記和書信，與同學交往和談話內容，都不願主動地向父母透露。這時的父母，可以經常主動地找孩子交談，達到與孩子情感上的溝通，營造家庭中平等、民主、理解、寬鬆的行為模式，使孩子感到自己和父母之間不僅僅是血緣上的親子關係，更是生活中可以信賴的朋友。

3. 有的放矢，引導孩子健康成長。

儘管孩子的自主意識增強，但正確的人生觀尚未形成，是非觀念不強，缺乏自我克制的能力，正值成長的心理危險期，所以在處理諸如學業、情感、人際關係、生活等許多方面，還不可能把握好尺寸。因而父母在細心觀察孩子的思想動態，掌握孩子內心隱祕的同時，要根據其性格、愛好等有針對性地採取措施，培養孩子分辨是非的能力。當孩子有了自己的愛好、理想甚至異性朋友時，更應循循善誘，加以引導。

【名人談教育】

自尊心是一個人品德的基礎。若失去了自尊心，一個人的品德就會瓦解。

——斯特娜

請尊重孩子的人格

孩子隨著生理的成熟，心理也在發展。孩子每個階段會表現出不同的心理特徵。七到十歲的孩子在心理的發展上，進入到人格的形成時期。孩子人格的形成，

表現為孩子已經成為一個完全獨立的人。這就要求做父母的在對孩子的教育中，必須尊重孩子的人格，保持孩子健康向上的心態。

許多父母從來沒有想過小孩子也有人格這個問題，對尊重孩子的人格不理解，總覺得小孩子有什麼人格呢？其實小孩子也渴望得到尊重，怎麼會沒有人格呢？所以，認為孩子沒有人格的父母，就不會尊重孩子的人格，也就不容易把孩子教育好。日本作家池田大作說過：「尊重孩子的人格，孩子便學會尊重他人」。在家裡，父母要從小就把孩子當作獨立的社會人來教育。這樣培育出的孩子，走上社會就能夠成為獨立的社會人，並具有「後生可畏」的勁頭。

在保持尊嚴的基礎上對孩子進行教育是非常重要的。孩子是需要教育的，不經過長期的科學的教育，孩子不能成人，也不能成才。然而，教育只有在尊重人格、維護尊嚴、保證權利的前提下進行，才可能培養出「人」來。對孩子人格的尊重，會使孩子更加自尊，有了自尊，才可能自強。凡破罐破摔的孩子，首先是失去了自尊，為什麼失去自尊，因為得不到應有的尊重。在此，列出某些父母不尊重孩子獨立人格的幾種表現，以期引起父母重視。

1. 一切行動聽指揮。

父母的話就是命令，長輩高高在上，一副威嚴的面孔，指揮孩子的一切，你必須好好念書，給我考大學；你必須給我上 ×× 班，不愛上也得上；你的前途，服從我的設計……這樣指揮，已經把孩子當成一架「小機器」。

2. 對孩子全方位照顧。

父母愛孩子也不能讓自己的愛像洪水一樣泛濫。愛需要理智，視孩子為掌上明珠，飯來張口，衣來伸手，吃要高檔，穿要名牌，只要求念書，什麼事也不用做，即使孩子該做、能做的事情，也一律由父母包辦……在這種狀態下，孩子還能學會過正常人的生活嗎？

3. 武斷訓斥，剝奪孩子的話語權。

有的父母喜歡當孩子的「領導」，誤把「訓」當教育，天天訓孩子，有事沒事訓幾句。最令人遺憾的是，不允許孩子解釋，更不許提出不同意見，只能表態：「懂了」、「是」、「我改」。這種情況下，孩子也沒有了尊嚴，沒有了權利。

4. 以懲罰立威，對孩子進行過分的懲戒。

有很多父母信奉「棍棒底下出孝子」，這是不對的。有的父母不只口頭上對孩子進行精神虐待，還濫用懲罰。調查發現，有百分之八到百分之十二的父母對孩子常常採取打一頓的方法。挨打的孩子，往往開始害怕，過一段時間被打「皮」了，更難教育。觸及皮肉的結果，可能造成靈魂麻木，或者造成怨恨反抗心理，孩子的人格就會扭曲。

把孩子當「人」，尊重孩子的獨立人格尊嚴，父母應努力做到以下三點：

首先，要還給孩子一種自由民主的氣氛。清除頭腦中的封建制的餘毒，改變「我說你聽」那種支配一切、指揮一切的錯誤觀念。孩子必須管教，但又必須把孩子作為家庭的一個平等成員。父母與孩子，既有「領導」關係，又有「同志」關係。在施教中，要時刻提醒自己聽一聽孩子的想法。孩子年幼無知，認識可能片面，可能錯誤。父母了解了，才好有針對性地實施教育。

其次，在理智的狀態下才能更好地教育孩子。父母要學會控制自己的情感、情緒。父母對孩子的愛，天經地義，但是絕不可走向極端。任何事情，物極必反。面對孩子，父母應有一種自控意識，保持理智，保持清醒的頭腦。即使在孩子令自己非常生氣的情況下，也要暗示自己；我如果失控，教育就會失敗。

第三，在尊重孩子的前提下，父母要鼓勵孩子去承擔一定的任務，讓孩子擁有自主權、選擇權，獨立去完成。當預見到任務中可能出現的困難時，成人可先讓孩子想辦法解決；若完成任務確有困難，成人要採取「幫助而不是替代」的方法，去幫助解決。這對培養孩子的獨立性、創造性、不畏困難的精神、健康的自我意識等

良好個性，有著積極的作用。

【名人談教育】

善於鼓舞學生，是教育中最寶貴的經驗。

——蘇霍姆林斯基

不要強迫孩子聽自己的話

做父母的一定要記住：千萬不能以愛的名義，對孩子進行強制性的控制。這不僅是對孩子的不尊重，也是對他心靈的傷害。如果孩子長期受到這種侵害，那麼他就不會聰明、快樂、有自信，人格也會有缺陷。就像教育學家孫瑞雪所說的：「如果你不知道怎樣教育孩子，那最好的辦法就是閉上你的嘴，管住你的手，不要管教孩子，不要限制孩子，給他充分的自由和愛。」

自從進入國三以來，蒙蒙便沒有了自由，不能自己支配時間，整天埋在書桌旁那半尺多高的題海中。媽媽把蒙蒙剛買的羽毛球拍沒收了，掛在牆上的明星畫也被沒收了，換成了「學習計畫」、「十不准」的規則和一抬頭就可以看見「快學習」的警告條。愛看電視的蒙蒙也得向電視機說「拜拜」了。每天放學回家，除了吃飯以外，蒙蒙都被關在小書房裡，而且每天不到深夜一點不許睡覺。

有一次，蒙蒙把老師發的作業、媽媽發的作業都完成了，把明天要上的課也預習了，正好媽媽又不在家，蒙蒙於是輕鬆地伸了個懶腰，順手打開那久違的電視機。不料剛剛打開電視，媽媽就回來了。她頓時沉著臉，對蒙蒙吼道：「不去複習，你還有時間看電視？你看彩霞姐姐都考上了第一高中，你怎麼比得上她，肯定連高中都考不上……」後面的話，蒙蒙一句也沒聽進去，委屈的淚水順著臉頰流下來。蒙蒙快步跑進書房，看著寫著「快學習」的紙條發呆。

不久，媽媽進來了，一隻手搭在蒙蒙的肩膀上，語重心長地說：「不是媽媽逼

他不是你的棋子
從小做孩子的知心好友

你，而是你要明白，明年就要考試了，你得努力學習，考上高中，也了卻媽媽的心願啊。」媽媽看看旁邊那一疊試卷，轉身走出去說：「你要明白父母的苦心啊！」砰！門關上了。接著，媽媽送進來一些水果放在桌旁說：「你也這麼大了，要想想自己以後的前程。」然後又「砰」地一聲關上門快步出去了。從本案例可以看出：蒙蒙的媽媽認為自己對女兒體貼入微，照顧周到，而蒙蒙卻不領情，令人傷心。其實，蒙蒙不是故意與父母為難，很多不愉快是由父母的教育方式不當造成的。蒙蒙的媽媽當然是愛女兒的，但在她的家教中有很強的專制成分，對女兒管得太嚴、太苛刻，這等於剝奪了孩子的自主權，遭到反抗是很正常的。

家庭教育老師晁立志說，不少家長教育孩子時，表現得像個「遙控器」，因而再多的「我都是為你好」，孩子也很難接受。如果家長的苦心不能用孩子能接受的方式傳遞給孩子，那反而可能會激起孩子的叛逆心理。所以，家長教育孩子時，不是掏心掏肺就能打動孩子，關鍵要選擇孩子能接受的方式。對不聽話的孩子，做父母的應該從以下幾點做起：

1. 先反思自己，看是不是你管孩子管得太多了、替他做得太多了，把你的意志強加給他了。

2. 以溫和的口氣詢問孩子：他到底想做什麼，覺得哪些地方受到傷害了，才會有如此激烈的反應。

3. 給孩子在家裡開闢一個獨立的空間。或者是一個大櫃子，或者是一個安全的牆角，把他的積木、毛絨小動物，允許他破壞的玩具汽車、娃娃、可拆裝的小木車，家裡不要的小家電、小擺設都給他，讓他隨意玩耍。但給他一個規定：除了這個領域，不能去破壞家裡的其他物品。

4. 父母在批評孩子時，要允許他辯解，讓孩子說出自己的理由。父母越尊重孩子，在一些大事上，孩子就越會思考，越會聽話。

5. 絕不可當著別人的面，用埋怨、訓斥的口氣去否定孩子，強迫孩子聽話，這

對孩子的心理傷害是不可估量的。

那麼，怎麼做到疏導，而不是強迫孩子呢？

首先，時刻信任自己的孩子。

父母越信任孩子，孩子就會越信任父母。否則，他就會對父母撒謊，對父母進行反抗。比如有些父母，因害怕孩子交上壞朋友或異性朋友而不給孩子自由的空間，甚至不擇手段地了解、偵察孩子的動向，監聽孩子的電話，偷看孩子的日記和信件。父母的這些行為，不僅不能達到教育的目的，反而會引起孩子的強烈反感，嚴重傷害孩子的感情，導致孩子對抗父母的行為產生。

第二，尊重孩子的獨立人格。

父母與孩子之間應是真誠、平等的朋友關係，而不是「上下級」關係。父母千萬不要把孩子當作自己的附屬品，要讓孩子從小學會獨立自主，學會自我管理、自我約束。

第三，給孩子創造自由空間。

父母要給孩子一定的時間和空間，不要過分看管，更不應實施監控。孩子有權擁有一定的隱私，父母不必對孩子的什麼事情都十分清楚。該讓孩子自己做的事就應讓他自己去做，該孩子自己管的事就讓他自己管。不要把給予孩子時間和空間當作是對孩子的施捨。

【名人談教育】

教育的實質正是在於克服自己身上的動物本能和發展人所特有的全部本性。

——蘇霍姆林斯基

信任是面對孩子隱私的關鍵

很多家長從來沒有從內心認可孩子是一個獨立的「人」這個事實。覺得「孩子，

他不是你的棋子
從小做孩子的知心好友

根本不懂什麼是隱私」。另外一些人則認為「我是你爸，關於你的一切，我都該知道」。孩子喜歡被當成大人對待。因此，父母應該給孩子一些空間，允許他們保有自己的隱私。

十四歲的鵬鵬遇到了這樣的苦惱：正處在青春期的他，和父母的相處中，最大的障礙就是感覺自己的隱私被侵犯了。他說：「從上國中開始，他們就管我管得特別嚴。同學來電話都得他們先接聽，確定不是女生才轉給我。書包更是每天都要搜查，看裡面有沒有跟學習無關的東西……我知道他們也是關心我，怕我分心，功課退步，可這樣做真的讓我很難接受，感覺自己一點隱私權都沒有，就像個犯人一樣。」

放手信任孩子並不意味著失去了對孩子的了解，最有效的溝通方式是建立起親密的信任關係，這對家庭教育來說非常重要。教育從根本上而言是一種關係，良好的教育依靠關係維繫。教育者與被教育者之間如能保持和諧、融洽的關係，則勝過一切教育。試想，如果孩子在心中堅信，「媽媽是尊重我、信任我的」，這要比所有「偵探手段」都管用。反之，孩子一旦發現自己的隱私遭到偷窺，則勢必在相當長時間內，影響到父母對孩子的教育效果。

也許父母從來沒想過孩子需要什麼，在中小學生眼中，「平等」與「值得信任」是評判父母的重要標準。據研究所做的「青少年學習和生活現狀與期望」調查顯示，在中小學生最喜歡父母的十種做法中，位列前三位的是：信任我、說話算數、讓我平等參與家庭生活。

要教會孩子形成自制力。在對孩子的教育過程中，家庭是最根本的要素；而努力完善家庭教養的方式與風格，是建立真正和諧家庭關係的前提。未成年的孩子並非處於「無意識」狀態，他同樣會自我教育、自我成長，如果他認為從父母那裡獲取的養分是充足的，他會主動和父母交流自己的困惑與矛盾，並充分聽取長輩的意見。而在家庭功能失調的氛圍中，更容易出現「問題少年」。

強硬的措施只能適得其反。靠偷看、查閱孩子的個人訊息，並一味進行干涉與禁止，肯定不是最有效的途徑。心理學中有一個「禁區效應」，父母越是明確禁止孩子上網、收發手機簡訊，孩子越會對這些資訊產生好奇心。關鍵問題在於，父母如何有效化解「禁區效應」，教會孩子辨別各種訊息，並在對訊息無法作出辨別時，更主動地求助於父母、師長。

當然，信任不意味著放任自流。未成年人需要長輩的引導，正值青春期的孩子，更需要老師、家長適時地為其把握航向。父母可利用假期，多和孩子結伴外出旅行，在旅行過程中敞開心扉、充分交流，培養起親密的「親子關係」。同時，應盡可能和孩子的老師保持熱線聯絡，經常與老師探討孩子的成長問題，這是了解孩子的最好方式之一。

【名人談教育】

父親和母親是如同教師一樣的教育者，他們不亞於教師，是富有智慧的人類創造者，因為兒子的智慧在他還未降生到人間的時候，就從父母的根上伸展出來。

——蘇霍姆林斯基

他不是你的棋子
從小做孩子的知心好友

第 4 章 做孩子的親密榜樣和楷模

重視自身教育為孩子樹立榜樣

父母是孩子第一任老師。由於父母與子女朝夕相處，息息相關，父母的一言一行、一舉一動都會在孩子的心靈深處埋下種子，對孩子的未來產生重大而深遠的影響。孩子的思想觀念、政治信仰、行為習慣、興趣愛好都會或多或少帶上家庭的烙印。因此有人說「孩子是父母的影子」是不無道理的。歷來出生書香門第的孩子自幼就愛好讀書；武術世家的子弟從小就喜歡舞拳弄棒，就是兩個例證。相反，一個家長自己就有酗酒、賭博、小偷小摸、不顧社會公德等惡習的家庭就很難培養出子女的良好習慣和高尚情操來。

在日常生活中我們也會看見這樣的場景：上了火車，剛剛找了個空位坐下，發現對面座位的地板上有一張衛生紙，衛生紙上有幾片橘子皮，還有幾片更小的橘子皮散落在衛生紙以外的地板上。往上望，原來這堆垃圾是一對母子製造出來的。他們倆正起勁地吃橘子呢。年輕媽媽手裡的橘子吃完了，一塊橘子皮又扔向地上的衛生紙處……她又掏出一張衛生紙，擦嘴，再扔……孩子也跟著扔……

這種情形留給人們的思考是深遠的，因為它們的背後隱藏著一個重要的教育話題，即為人父母者應該怎樣給孩子做好榜樣。父母在為孩子選擇好的榜樣時要注意哪些方面呢？如何才能幫助孩子把握好交往的「度」，找到合適的榜樣呢？

1. 讓孩子看到最好的自己，處處嚴格要求自己，提高自身修養。

做父母的一定要事事謹慎，讓自己所做的每一件事都有其價值。父母不管做什麼，不管有意無意，對孩子都是榜樣。孩子最善於模仿，父母如果不注意自己的小

節，言行舉止不當，很容易給孩子造成負面的影響。

2. 先了解孩子，再有針對性地言傳身教。

這一點是很重要的。父母要明確：孩子有哪些優點？哪些不足？在哪些方面有待改進？對什麼更感興趣？比如孩子在清潔衛生方面有待改進，不妨讓孩子交一些衛生習慣很好的朋友作為榜樣；孩子喜歡閱讀，不妨讓他與同樣具有閱讀興趣的伙伴多交往，在交往中交流讀書心得等。

3. 注意孩子身邊的人文環境。

一般情況下，父母不應輕易反對孩子的正常交往，不過很多父母總是希望孩子與「好孩子」多來往。但是，孩子的衡量尺度可能和父母有所偏差，但他們的意見也值得考慮。如果孩子不聽父母的意見，父母應該怎麼辦呢？

要讓孩子了解你為什麼會建議他這麼做。一般而言，父母覺得孩子的朋友壞，無非是因為他們身上缺點較多，怕他們影響孩子的學習和生活，父母完全可以在尊重孩子的前提下說明自己的擔憂，表明立場，只要態度真誠，孩子是會考慮父母的意見的。

4. 要及時告訴孩子行為的準則。

孩子判斷是非的能力還有限，而父母又不可能一直跟著他們，所以，父母有必要告訴孩子和朋友在一起的時候什麼事情可以做，什麼事情不能做。比如，父母不在家的時候，可以請朋友到家裡來玩，但是不要隨便翻家裡的東西，要注意用電安全等。

5. 鼓勵孩子樹立榜樣，和榜樣共同進步。

榜樣的力量是無窮的。「三人行，必有我師」。由於孩子各自的侷限，常常是你在這點比他好，他在那點比你強，大家各有優勢，不相上下。這種情況下，孩子們可以互為榜樣，學習他人身上的優點，克服自己身上的缺點，同時以自己的優秀之

處影響別人，幫助別人進步。父母既要鼓勵孩子進步，也要提醒孩子，千萬不要被別人身上的缺點或壞毛病影響，好習慣沒養成，壞毛病又形成了一大堆，這就背離了初衷。

【名人談教育】

沒有時間教育兒子，就意味著沒有時間做人。

——蘇霍姆林斯基

家風可以起到潛移默化的教育作用

一提到子女的教育，很多家長都大呼頭疼，打也不是，罵也不是，說也不聽。家庭是孩子最基本的生活和教育單位，父母的一言一行，一舉一動，都是孩子的效仿源。孩子最初的行為習慣都是從父母那裡學來的。因此，面對天真的孩子，父母要特別重視榜樣對孩子的巨大影響作用，時時處處為孩子樹立好的榜樣。

孩子不是父母手上的木偶。家長如果一直對孩子提要求，最後只可能導致兩種結果：要麼孩子非常懂事，或者孩子最後選擇自暴自棄。父母在日常生活中要謹言慎行，以身示教，「用榜樣的力量影響孩子的成長」。案例中，小光的父親一有時間就沉迷於「麻將事業」中，根本沒有重視對孩子的言傳身教，只要孩子不照自己想的做就打一頓，結果適得其反。

小光是個正在上國三的孩子，他的父親是個工人，業餘時間沉迷於「麻將事業」，但他對孩子很嚴格，相信孩子是教出來的，苦口婆心地給兒子講很多道理，讓他好好學習，放學後不許下樓玩，作業做不完不許看電視，尊敬老人……如果違反，輕則責罵重則痛打。他認為孩子只要「管起來」就行，可他發現自己費了很多心思和口舌，卻沒達到預期目標：小光學習成績中下等，對人沒禮貌，情緒不穩定，這讓他很失望，不知該怎麼辦。

他不是你的棋子
從小做孩子的知心好友

　　而另一個家長卻和小光的父親不同，他是這麼改正孩子不愛早起的習慣的：

　　他的兒子也是國中生，他希望兒子能每天早上起來背單字，可是兒子總是早上醒不了，起床晚，為了讓孩子養成早起學習的習慣，他就每天早上早早起來，然後在大廳和孩子房間門前大聲讀英語單字，一天孩子沒反應，兩天孩子還不能早起，第五天他仍這樣做，沒想到剛剛讀了幾個單字，兒子就打開房門拿著課本走了出來。以後每天早上，他們父子倆都會早早地起床看書、學習，兒子也由此養成了早起的好習慣。

　　那幾天他沒有喊兒子起床讀書，只是每天早上做自己的事：大聲讀英語。他要讓孩子從夢中醒來後就能聽到父親讀書的聲音。家長應遠離要求者的角色，把自己看作是孩子的榜樣，這才是對孩子最好、最生動的教育。其實父母只要把自己該做的都做好了，在孩子面前樹立一個好榜樣，孩子自然而然會在父母的影響下往好的方面發展。

　　身教的效果就像春雨一樣「隨風潛入夜，潤物細無聲」。榜樣的力量是無窮的，你留給孩子好的一面，將來，孩子也回報你優秀；你留給孩子不良的言行，將來，收獲的多半是失敗。英國教育思想家托馬斯‧阿諾德說過：「父母的言行就是無聲的老師，自覺或不自覺的榜樣，強有力地發揮著潛移默化的作用。所以要想取得理想的教育功效，父母一定要以身作則，時時、處處、事事都嚴格要求自己，成為孩子人生的好榜樣。」

　　「己所不欲，勿施於人。」父母希望孩子成為怎樣一種人，就得首先在自己言行中爭做那種人。父母是孩子終生模仿的樣板，父母的言傳身教，對孩子的心理發展和品性形成起著非常重要的影響。在日常生活中，成人的言行無時無刻不在影響著孩子，積極的、消極的各種影響都在潛移默化中浸潤孩子的心靈，因此，在孩子面前，大人千萬不能忽視自己的榜樣作用：當你在房間看電視，而讓孩子到一邊做作業時，孩子會怎麼想？當你經常在背後議論別人的缺點時，孩子聽到後會怎麼做？

當你為一點小事就與別人爭吵甚至打架時，你有沒有想過你的孩子以後也會這樣對待別人？當你隨地吐痰、隨手亂丟垃圾時，有沒有想過你的孩子以後也會變成這樣的人？當你不了解情況，就訓斥、體罰孩子時，他們心中會留下什麼？

【名人談教育】

所有能使孩子得到美的享受，美的快樂和美的滿足的東西，都具有一種奇特的教育力量。

——蘇霍姆林斯基

父母要教孩子做駕馭生活的強者

在這個競爭激烈的社會，人一定要有狼一樣的敏捷和主動性才能擁有一席之地。強者不是寵出來的，也不是慣出來的，而是在逆境中成長，在歷練中成熟，在競爭中脫穎而出的。父母要鼓勵孩子成為生活的強者。心態決定命運，狼之所以成為動物界的強者，是因為它一出生就強烈地意識到「我要吃肉」。我們的社會正處在轉型期，像羊一樣「聽話」、安於現狀的人是難以適應未來社會的激烈競爭的，父母要想把孩子培養成為未來生活的強者，首先要讓他們具有強者的心態，像狼那樣堅持「我要吃肉」，絕不吃草。這就要求從多方面培養孩子的綜合能力。

1. 讓孩子學會獨自處理生活中遇到的問題。

動物面對的自然環境往往是很殘酷的，學不會本領就意味著死亡。在小狼剛有獨立能力的時候，母狼就會堅決讓它獨自去執行任務，「狼心」地讓它們去面對兇險的環境，在實踐中磨煉意志和品質。要成為一隻真正的狼，就必須具備獨立處理一切突發事件的能力，否則只能是一隻等待宰割的羊。

2. 教會孩子勇於面對競爭，迎接挑戰。

機遇和挑戰和雙向的。機遇總是青睞那些時刻準備競爭的人，同時機遇也常常

伴隨著風險。狼的危機意識強烈，時刻保持著競爭勢態、戰鬥狀態，時刻準備著應付危機。結果，它們處理危機、應付風險的能力非常強，經常化險為夷，戰勝對手。父母要培育孩子的競爭意識，督促他們抓緊時間，廣泛學習，增強實力，以競爭的心態時刻準備著接受各種挑戰。

3. 讓孩子懂得尊重對手的實力。

知己知彼，百戰不殆。只有尊重對手，才能充分了解對手。狼尊重對手，所以從不打無把握的仗，在激烈的生存競爭中，總能戰勝強大的對手。真正的強者是尊重對手的，因為只有對手才能證明強者存在的價值。

在告訴孩子尊重對手的同時，父母也要學會尊重孩子。前蘇聯著名的教育家馬可連柯曾經說過：「一個家長對自己的要求，一個家長對自己家庭的尊重，一個家長對自己每一個行為舉止的注重，就是對子女最首要的，也是最重要的教育方法。」

4. 在孩子成長的過程中，還給孩子應有的自由。

不要讓孩子成為溫室中的花朵。自由的天地是強者生存的土壤，父母要想把自己的孩子培養成為生活的強者，就應該多給他們一些自由空間。孩子處在年少好動的階段，渴望自由是他們的天性使然，父母無論把他們看管得多緊，他們還是會想方設法去衝破種種藩籬和桎梏的，就像籠子裡的狼，不管你給它什麼好吃的，它們永遠都會處於不安分狀態，不願享受「被限制自由的富貴」。

5. 要讓孩子知道團隊合作的重要性。

想要戰勝強大的對手依靠的不是匹夫之勇。狼在自然界裡本身並不是最厲害的動物，單打獨鬥，老虎、獅子、豹子、野豬、野牛都比牠厲害，但若是群體作戰，即使老虎碰到了狼群也要退避三舍。幾隻分散的狼，一旦組合在一起，就會變成一個非常有力量的團隊。這就是團結的力量。每一個人都是社會中的一員，都要學習和生活在一定的集體中，都應該對自己所在的集體盡一份責任，所以每一個人都要

具有團結合作的精神。父母教育孩子千萬不要忽視了這一點。

6. 責任心的培養是極其重要的。

每個人既要享受集體帶來的好處，又要擔負起對他人的責任。狼為了狼群的生存，會努力履行自己的職責。在狼家族裡，每一隻狼都能意識到自己對狼群的重要性，每一位成員都必須對自己的族群負責。牠們在同伴遇到險情的時候，會毫不猶豫地上前營救。對於狼來說，履行責任就是牠們的天職。

7. 誰都不可能只享有成功，要在平時就培養孩子承受挫折的能力。

人生從來不是一路坦途。父母在孩子遭遇挫折時，不僅要教他們學會正確面對，鼓起克服困難的勇氣和信心，甚至可以對孩子進行「挫折教育」，培養和增強孩子面對挫折時的心理承受能力和應變能力。

【名人談教育】

只有受過一種合適的教育之後，人才能成為一個人。

——康米紐斯

為孩子創造良好的家庭生存環境

教育不僅要注重教學水準，更要考慮到環境對人的薰陶。環境對一個孩子的成長起著非常重要的作用。「孟母三遷」的故事，很好地說明環境對人的影響，而家庭對每一個孩子的成長都起著重要的作用。事實表明，在溫馨的家庭中成長的孩子往往具有較強的好奇心和探求欲望，也能充分認識自我價值，其獨立學習、解決問題和適應社會的能力都比一般家庭的孩子要強。然而，在孩子成長過程中，許多家長卻忽視了家庭教育的作用，使孩子輸在了起跑線。

他不是你的棋子
從小做孩子的知心好友

1. 孩子的成長需要自我空間。

家長要把孩子當成家庭中的一員，很多事情應該給孩子留有參與和發表意見的權利，特別是關係到孩子的事，一定要徵求孩子的意見。比如在家庭環境布置中，家長應讓孩子參與設計，而孩子的房間應全權交給孩子設計布置，使孩子真正成為這方「天地」的主人。有些孩子在他的小房間的牆壁上畫滿了各式各樣的圖畫，有的連他自己也不知道畫的是什麼，但他喜歡也非常快樂。這個「小世界」真的屬於自己所有，會使他們感到自己和大人一樣平等。

2. 讓家庭成員之間的交流形成自由民主的氛圍。

孩子不是囚犯，家長更不是獄警。家庭環境若過於嚴肅、專制，會給孩子的發展造成壓力，使其自信心和自尊心受到傷害，禁錮其智力發育。創設一個寬鬆、民主、相互尊重的家庭環境對孩子的成長非常重要。家長不應板起面孔，用以上管下的舊教條來作為孩子的行動準則，而應放低姿態，傾聽心聲，以便隨時激發孩子各種積極向上的因素。

3. 以身作則，為孩子做出好的榜樣。

家長是孩子接觸社會的橋梁。想要自己的孩子成為一個正直的人、對社會有用的人，父母就必須以身作則，身體力行，給孩子樹立一個好榜樣。否則，即使你用再美麗的言詞說教，也難有效果。家長是孩子的第一任老師，家長的行動感染力往往要比說教對孩子更起作用。孩子不僅要聽你怎麼說還要看你怎麼做，孩子不信你說的，但信你做的。其身正，不令而行，其身不正，雖令而不從。

4. 努力培養孩子的好奇心。

很多家長往往不耐煩孩子總是問這問那，經常幾句話就把孩子打發了。久而久之，孩子的好奇心就被扼殺了。好奇心是學習的動力，能激發孩子探索、思考的興趣，從而提高其自學能力和獨立性，為日後更高層次的發展奠定良好基礎。為了營

造一個能夠激起孩子好奇心的家庭環境，家長可以不時根據身邊小事提出一些問題，引發孩子的思考；或者為孩子布置一個可以自主學習、探索研究的小天地，鼓勵孩子積極動手動腦，進一步激發其想像力和求知欲，豐富其生活領域。

家長在教育孩子時要心平氣和。父母與孩子之間的血緣關係和親緣關係的天然性和密切性，使父母的喜怒哀樂對孩子有強烈的感染作用。孩子對父母的言行舉止往往能心領神會，以情通情。在家長高興時，孩子也會參與歡樂，在家長表現出煩躁不安和悶悶不樂時，孩子的情緒也容易受影響。如果家長處變不驚、沉穩堅定，也會使子女遇事沉著冷靜，這樣對孩子心理品質的培養起到積極的作用。

【名人談教育】

使教育過程成為一種藝術的事業。

——赫爾巴特

長年堅持以身作則的要訣

有許多父母總是喜歡喋喋不休地教育孩子，卻不願意從自己身上找一找孩子會這樣做的原因。孩子是父母的鏡子，有什麼樣的父母就有什麼樣的孩子。教育家卡爾威特說「孩子是父母的翻版」，真是恰如其分。「龍生龍，鳳生鳳」這句俗話也實在是一語中的。所以，教育孩子，言傳固然很重要，但光有言傳是遠遠不夠的，父母還要以身作則，進行身教。只有先做好自己，才能進而教育好孩子。

希望孩子越來越完善，這沒有錯，但作為父母不該對自己的孩子寄予過高的期望，只要不是原則問題，不必非要孩子按照大人的想法來發展。家長們有沒有想過，你要求孩子抓緊時間學習，那麼你自己每天的業餘時間都用來做什麼呢？你要求孩子在班裡考試保持前幾名，那麼你在工作單位是不是成績也是前幾名？你想以孩子為榮，那麼你的孩子是不是以你為驕傲呢？

他不是你的棋子

從小做孩子的知心好友

　　母親對孩子的成長至關重要。有這樣一位母親，因發現放射性元素鐳和釙先後兩次榮獲諾貝爾獎，並且一生對名利淡然處之，對祖國無私奉獻，她會有什麼樣的孩子？伊雷娜·居禮，著名化學家，一九三五年諾貝爾化學獎得主——這位母親的大女兒；艾芙·居禮，優秀的音樂教育家和人物傳記家，《居禮夫人傳》作者——這位母親的小女兒。

　　父親的角色也同樣重要，這是一個反面的例子。有這樣一位父親，在外面是一位做事拘謹、脾氣暴躁的政府職員，在家裡是動不動就責打妻兒的狹隘的暴君，他會有怎樣的孩子？阿道夫·希特勒，罪惡滔天的「二戰」元兇——這位父親的兒子。

　　楚天歌是個品學兼優的孩子，雖然也像同齡人一樣愛玩愛鬧，但卻沒有很多孩子都有的厭學傾向。在他看來，學習是件再正常不過的事情，因為在他的家庭中，每個人都在學習。他的母親是師範大學的一名教師。但是，她對自己卻沒有放鬆要求，在楚天歌上小學的時候，母親再次走進了課堂，進入中科院物理所攻讀博士。正是這種潛移默化的影響，讓楚天歌也愛上了讀書，愛上了學習。不僅是學習上，父母是楚天歌的榜樣；生活上，也對他有著深遠的影響。

　　動畫片和電視連續劇從來不是他們家討論的主旋律。當某個動畫片、連續劇大範圍流行，同學們都為之著迷時，楚天歌常常會不知道這個東西的存在。因為在家裡，父母很少看電視，更不會讓兒子對於某個連續劇上癮，他們極力避免在楚天歌學習的時候腦子裡總想著電視的情節。每天只要楚天歌沒睡覺，家裡的電視就不會開。作為教師的父母在楚天歌學習的時候，自己也在認真地備課。只是在楚天歌睡下後，父母才會開很小的音量看一會兒新聞。

　　言傳不如身教，如果在孩子學習的時候，父母沉浸在一部又一部的電視劇中，又怎能讓正處在好奇心旺盛時期的孩子不動心？電視嘈雜聲中，孩子怎會安心地思考、學習、創造？這一點上，楚天歌是幸運的。在父母給予的安靜的環境下，楚天歌可以安靜地思考，盡情放飛自己的想像力。成才與否固然有先天的因素，但更重

要的則是後天教育。

最有力量的永遠是行為。在家庭教育中，父母經常會對孩子說「應該這樣做」、「不應該那樣做」來規範孩子的言行，可是這種空洞的說教所起的作用往往微乎其微。而父母的一言一行，一舉一動，孩子都會看在眼裡，並以父母為榜樣來模仿。所以，父母在日常生活中，要謹言慎行，以身示教，唯有如此，才能收到良好的教育效果。

【名人談教育】

誰要是自己還沒有發展、培養和教育好，他就不能發展、培養和教育別人。

——第斯多惠

用行為告訴孩子該怎麼做

孩子的學習模仿能力是很強的。俗話說「近朱者赤，近墨者黑」，父母的言行是孩子最直接的模仿對象。父母的行為和思想對孩子有潛移默化的作用，父母的一言一行，甚至生活中的細節，都會在孩子的心裡產生不同程度的影響。良好的學習習慣是孩子受益一生的財富，而習慣的養成和父母平時的表現有很大的關係，所以父母本身就要做到勤奮好學，以實際行動來教育和影響孩子。

孫磊的父母望子成龍，一直以來對孫磊都嚴格要求，下班後還經常監督他學習，並且在他學習的時候也會安靜地學習或是看報紙。可是最近兩個人都迷上了打麻將，時常會邀請朋友來家裡打麻將。

自從迷上了打麻將，他們對孫磊的學習毫不過問，不但自己不再讀書看報，還影響了孫磊的學習，因為他們打麻將時會讓孫磊去為他們買東西吃。時間長了，孫磊也無心於學習了。他看到父母都很愛玩，沒人管，索性也在自己屋裡玩起了遊戲。第二天上課當然沒精神，學習成績自然也就下降了。

他不是你的棋子
從小做孩子的知心好友

在孩子的教育中，家長要注意以下幾點：

1. 透過輕鬆的形式告訴孩子掌握豐富知識的好處。

成功要靠百分之九十九的勤奮。古往今來，凡是在學業上有所成就的人，無不是勤奮好學的人。孩子的智力差別不大，能否取得較好的成績，關鍵在於學習的態度。勤奮好學是首要的學習態度。

為人父母者要活到老學到老，要不斷增加自己的知識，提高自己在社會上的競爭力，同時也可以豐富自己的內涵；孩子勤奮好學，是他們取得優異成績的基礎，也是彌補其先天某些不足的主要途徑。父母要意識到自己和孩子勤奮好學的益處和重要性，在生活中隨時將這種意識傳達給孩子，幫助孩子養成正確的學習態度。

2. 父母要為孩子樹立行為的榜樣。

父母的行為對孩子起到潛移默化的作用，其言行會對孩子起到很大影響。所以，父母要注意自己的言行舉止，做好孩子的榜樣。對孩子來說，榜樣是最好的激勵。

敏嘉的成績一直名列前茅，是老師和同學眼裡的好學生。她學習非常刻苦。敏嘉的父母都是大學老師，平時也都是愛學習的人。他們的教育方式不是整日對孩子進行說教，而是以自己的實際行動來影響孩子。他們晚上在家就是備課、查閱資料、寫論文，空閒時還經常討論學術上的問題。家裡的學習氛圍很濃厚，敏嘉自然而然就勤奮好學了。

要讓孩子從心裡服從父母，父母的指示才有效率。父母的言談舉止是孩子的模仿範本。有些父母教育孩子時最經常的做法是「按照我所說的去做，而不要按照我所做的去做」，但孩子們往往會在心中嘀咕：「與其叫我按照你們所說的去做，不如你們自己做一次，然後我便會照著做。」因此，父母要重視對孩子的言傳身教。

3. 在家庭中營造濃厚的學習氛圍。

環境造就人，家庭是孩子最親切的生長環境。父母要從自身做起，增加自己的文化內涵，努力為孩子創建一個良好的具有濃厚學習氣氛的家庭環境。如果父母愛學習，家庭學習氣氛濃厚，孩子就會不自覺地養成愛學習的好習慣。在這樣的家庭環境中，孩子會自覺地模仿父母的言行舉止，督促自己的行為，做到勤奮好學，教育的目的也會更輕鬆地達到。

5. 和孩子一起學習，共同進步。

家長在平時的生活和工作中也能感受到：訊息化的加速使知識更新速度加快，要應對這樣的社會，必須不斷地學習。合格的父母要勇於和自己的孩子一起學習，甚至要向孩子學習。父母只有終身學習，才能和孩子保持同樣的思維，才能更好地和孩子溝通、交流，縮小父母和孩子之間的代溝。父母要時刻關注新知識，不斷地學習，和孩子一起成長。

6. 家長教育孩子的態度要保持一致，父母之間相互督促。

學習不是為了在孩子面前裝裝樣子。父母要做到以身作則，為孩子樹立勤奮好學的榜樣，不是一蹴而就的事情，要持之以恆。父母在生活中也不是對所有行為都具有完全的自制力，也需要別人的監督和鼓勵。這就要求父母之間協商好，當對方在孩子面前沒能做到勤奮好學時及時地提醒，用實際行動鼓勵孩子透過勤奮去改變現在的學習狀況。

不要讓孩子生活在矛盾之中。父母雙方教育孩子的態度要一致，不能在一方批評孩子的時候，另一方對孩子進行袒護，這樣就會滋生孩子的不良情緒。當一方教育不當的時候，另一方要學會督促和提醒對方改變教育方式。

【名人談教育】

只有能夠激發學生去進行自我教育的教育，才是真正的教育。

——蘇霍姆林斯基

他不是你的棋子
從小做孩子的知心好友

對孩子一定要信守承諾

　　誠信是每個人立足於現代社會的重要資本。然而，孩子對家長的不信任往往也和家長對孩子不遵守承諾有關。父母往往向孩子許下這樣那樣的承諾，但很少有兌現的時候。久而久之，孩子對父母的做法習以為常，也就不會去遵守自己許下的承諾。而且，當父母不能依照承諾履行諾言時，孩子就會對父母的口是心非感到生氣，且不再相信父母的話，久而久之，累積的怨氣不但會嚴重影響親子間的和諧關係，也會降低孩子對父母的信任度。

　　明明上國二了，是個聰明靈巧的孩子，就是在讀書上不用心，媽媽說：「明明，好好學習，如果你下次能考進年級前三十名，媽媽休假就帶你去玩。」明明聽了媽媽的話後異常興奮，非常努力地學習，最終如願以償地取得了良好的成績。媽媽下班剛到家，小明就急忙跑到媽媽身邊：「媽媽，我們什麼時候去玩呀？」媽媽說：「我有事不能休假，去不了了！」小明一聽就急了，拉著媽媽的手說：「我都已經告訴我的同學我要去玩了，到時會給他們帶好吃的，還會給他們看照片。現在不去了，我怎麼和同學說呀，人家一定會說我吹牛！」媽媽也對小明嚷：「媽媽的工作重要還是你同學重要？不去就是不去！」

　　明明還是不放棄，再三要求媽媽帶他去玩，結果媽媽一生氣，給了他一個耳光，還大罵他不懂事。明明萬分傷心，從此再也不相信媽媽的話了，學習上也喪失了動力。後來還是老師了解到具體情況，跟他的媽媽及時做了溝通，他的媽媽這才明白過來，後悔當初不負責任地向孩子許諾。

　　一旦家長在孩子心中沒有了信任，也就失去了身為家長的威信。父母失信於孩子，害處是相當大的。所以，作為父母一定要做到說話算數，切不可為了達到某種暫時的目的而欺騙孩子，對孩子撒謊。父母與子女之間的承諾也應像與成人的交往一樣認真對待。當孩子認識到自己答應了的事情就必須做到時，便有了責任感，從

而督促他們學會履行責任，養成良好的道德習慣。父母許諾時要注意以下幾個方面的問題：

1. 不可只靠許諾教育孩子，也不要胡亂許諾。

隨著孩子年齡的增長，父母可以適當減少許諾的次數。不然以後無論父母希望孩子做什麼事情，孩子就會習慣性地跟父母談條件。同時，父母的承諾必須有利於孩子的健康成長，起到正面教育的作用。不在孩子面前誇口，胡亂許諾。承諾太多而又不能兌現，使父母在孩子心目中的地位大大降低。還要提醒父母的是，如果孩子提出一些不應該提出的要求，這時父母要有自己的原則和底線，即要把握一個「度」，要清楚地告訴孩子，可以還是不可以，是非分明，才能促進孩子心理健康發展。

2. 不要只是注重從物質上滿足孩子，應增加精神許諾的比重。

不要讓孩子只注重物質上的滿足。許諾包括物質許諾和精神許諾。適當的物質許諾是可行的，但不能過度，否則會滋長孩子虛榮、自私等不良習性。可盡量多地使許諾與有意義的活動相連，如許諾給孩子買書籍，帶孩子去看畫展、旅遊等，既能調動孩子做事的積極性，又能豐富孩子的精神世界，開闊孩子的視野。

3. 如果確實因為某種原因家長不能兌現當初的許諾，應該曉之以理，取得孩子的諒解。

當父母因為工作等原因影響了諾言的兌現，孩子感到失望、委屈時，父母不可強迫孩子接受許諾不能兌現的結果。應主動而誠懇地向孩子道歉，把不能兌現的原因跟孩子講清楚，取得孩子的理解和原諒，並在以後尋找適當的機會兌現自己沒有實現的諾言。即使孩子暫時無法諒解，也不能用呵斥、教訓的方式對待孩子，應該允許孩子發牢騷、表示不滿。有時，孩子只是因為已經把事情講給同學朋友，怕沒有面子而生氣，只是一時的言行過激。美國兒童心理學家羅達·鄧尼說過：「父母錯

他不是你的棋子
從小做孩子的知心好友

了，或違背自己許下的諾言時，如果能向孩子說一聲對不起，可以幫助孩子建立自尊，同時能培養孩子尊重人的習慣。」

所以，父母對孩子必須言而有信、以誠相待，這樣，孩子才會對父母產生充分的信任感，也才願意把自己的心裡話告訴父母。父母是孩子的鏡子，也是孩子模仿的對象，也只有說話算話的父母才能在子女心目中樹立起威信來，才能避免因孩子說謊而頭疼的事情發生。

【名人談教育】

從什麼地方和什麼時候開始自我教育呢？有一句古老的格言說：「戰勝自己是最不容易的勝利」。

——蘇霍姆林斯基

把美德化為孩子的習慣

十年樹木百年樹人，培養孩子成才，沒有什麼比道德教育更重要的了。因為，決定孩子一生幸福與否的，不是他的能力和才幹，而是他的美德和品格。今天我們比任何時候都更需要道德，需要人性的光芒。尤其是孩子的成長，我們更需要在道德上給予特別關注，從正面加強引導。因為我們今天面臨著從未有過的道德危機和挑戰。人生成長，品格最重要，品格高於智慧，品格決定命運，品格決定幸福，品格決定品位。在幼年和少年階段需要培養的品德主要有以下幾點：

1. 愛心

每一個父母都希望孩子將來能夠孝敬自己。可是許多父母只知道一味地疼愛孩子，卻忽略了給孩子提供奉獻愛心的機會。其實施愛與接受愛是相互的，如果讓孩子只是接受愛，漸漸地，他們就喪失了施愛的能力，只知道索取，不知道給予，並且覺得父母關心他是理所當然的。有的父母以為給孩子多點關心和疼愛，等他長大

了，就會孝敬父母，疼愛父母。其實這是一種誤解，你沒有給孩子學習關愛的機會，他們怎麼會關愛父母呢？還有的父母認為孩子的任務就是學習，其他的都不重要，只有學習好了，將來才會有一個好的前程，於是什麼事都為孩子著想，孩子衣來伸手，飯來張口。學習固然重要，但是孩子的性格、習慣、品質、心理對孩子的成長、成才更重要，並且這些都需要在生活、學習中培養，不會一蹴而就。

2. 守紀律

社會規範也是一種紀律。紀律是成功的關鍵。家有家法，校有校規，班級也有班級的紀律。這些規定和紀律，是孩子養成好習慣的保證。家長要讓孩子明白，一個懂得規矩，並且自覺遵守規矩的人，才能時刻按照規矩辦事，才能使自己不斷進步。風箏要想飛得高，必須由底下的線牽引著，假如沒有了這根束縛它的線，風箏只能掉在地上。

3. 公德心

公德心可以體現綜合素質。在我們的身邊經常會看到這樣的身影：父母帶著孩子闖紅燈、搶位子、扔垃圾、插隊……其實，責任感和公德心是相輔相成的，由責任感而喚起公德心，由公德心而強化責任感，都是屬於道德品質。孩子的品德培養是個潛移默化的過程。多讓孩子懷著友善的心幫助別人，不僅可以培養孩子同情弱者、幫助別人的習慣，還可以令孩子學會尊重他人、與人為善的意識和美德。

4. 友愛

大家都生活在社會這個集體中，想要生活舒適必須懂得和他人合作。要讓孩子學會合作，首先要讓孩子有關心他人、團結、友愛的良好品德。不能與其他人很好合作的孩子大多是家長過於溺愛、嬌慣，使得他們處處以自我為中心，自私、跋扈，攻擊性行為較多。因此，要培養孩子學會合作，家長必須改變自己的教養態度與方式，教育孩子要關心他人，要友愛、寬容，與其他人互相幫助，遇事能與人商

量。

5. 誠實

孩子從很小的時候就有虛榮心和好勝心，從而導致說謊。因此從小要培養孩子正確健康的競爭觀念。透過平時的言傳身教，講故事，分析身邊小事，說明一些做人的道理，從平時的一些小事嚴格要求，讓孩子了解什麼是對的，什麼是錯的；什麼是應該做的，什麼是不能做的。做了錯事會對自己對別人產生怎樣不良影響，不良後果。讓孩子明辨是非，不應該做的事不做，不誠實的話不說，當無意中做了錯事，懂得誠實是一種美德，知錯就改還是好孩子。

6. 感恩

從社會大環境來看，現行的時尚文化是一種功利、實用文化。在人與人的交往中，「實用」、「功利」通常成為唯一的衡量標準，這對傳統的類似於「滴水之恩，當湧泉相報」的感恩文化形成一定的衝擊，導致社會大環境對感恩的自然遺忘，最終感恩教育明顯缺失和滯後。父母光愛孩子是不夠的，還要教育孩子愛別人。現在百分之九十以上的父母是把自己的愛無私地傾注給孩子，而從來沒有要求孩子在愛的方面回報自己。教育孩子，光有對他的愛是不夠的，還應該教育和引導他愛別人。

【名人談教育】

教育人就是要形成人的性格。

——歐文

淡化教育痕跡，做到不教而教

很多家長都不約而同的為同樣的事困擾著：家裡對孩子的教育很重視，也作出了相應的投入，當然包括多方面的投入，但事與願違，孩子的成績總不理想。而有的家庭投入與關注看上去都不大，但孩子卻很「爭氣」，成績一直很好。面對被教育

者，我們應該多思考一些有效的教育方式，比如正面教育收不到預期的效果，我們就可以用「不教而教」的方式向被教育者進行滲透，達到在不知不覺中教育的目的。

1. 給孩子自由發展的空間。

野村是老太太級的日本女畫家，學油畫出身，在日本東京舉辦個展十五次。她的學生是怎樣評價她的呢？「老師的家非常整潔」，一個教畫畫的老師，本身就是美的化身，她理應美。

這樣的一個日本畫家怎樣教小孩子畫畫呢？用文中主角朵朵的話說，是「不教」。野村老師上課總是先問學生，你想畫什麼？想畫什麼就畫吧！至於怎樣畫，老師不會說，也不會干擾你畫。每當學生畫完畫，野村老師都會在畫的背面用一手十分漂亮的日本書法寫上批語，批的全是表揚，各式各樣的表揚，各種角度的表揚，溫暖、真誠。野村和別的老師教學不同之處還有常常安排孩子們參觀畫展，她會在畫前向學生及家長講講色彩，聊聊畫家。她的這種「無為而為」的做法，恰恰是「學生主動發展」最迫切需要的土壤。

2. 要引導孩子自身的思考，而不是一味地強加給他們。

孩子喜歡以自己的角度觀察生活。野村老師注意引導，引導學生觀察生活，「她常常去買茄子、白菜、南瓜之類的放在桌上，讓學生『寫生』」，「會把孩子們帶到屋後的小花園裡，畫各種各樣的花草和樹木」，「常常安排孩子們參觀展覽」……從生活中取材，到生活國中習，在實踐中感悟，野村老師的探究引導真是到家了。「花兒開了真美麗，畫吧。」有這溫馨的引導，誰能不樂意去做？難怪一個學生考取了美術大學後還常常回來上課。

3. 激起孩子自身的學習興趣。

「興趣是最好的老師」，野村老師是最能理解這句話含義的老師了，不然怎麼會問「你想畫什麼？」為什麼「批的全是表揚，各式各樣的表揚，各種角度的表揚，

他不是你的棋子

從小做孩子的知心好友

溫暖、真誠。」不就是不打擊學生的積極性，保護學生彌足珍貴的興趣？

這些高明的做法不是比空洞的說教更能吸引人嗎？這是「不教而教」教育藝術的典型事例。教育者用心構思，去創設一種情境，引導一種經歷，讓學生和孩子真正成為教育的主體，在實踐中進行自我教育，得到感悟，完成精神的昇華。這樣的教育藝術是多麼有魅力呀！難道不令人神往嗎？

有很多家長也確實在孩子的教育上花了不少心血，可還是效果不顯著。多數家長的教育思路是：總體感知──動手實踐──評價反思。即家長選定一個範圍，然後自己首先刻苦鑽研，從內而外，由淺入深，一直研究到自己認為對這一內容了如指掌，然後再帶著自己研究好的東西親近孩子，引領著孩子將自己研究的過程再掌握一遍，孩子學什麼，仍然是在家長圈定的範圍內，孩子天馬行空的想法得不到發揮，主體性得不到體現，創新能力得不到培養，談何培養人才，更何來「主動發展」一說。

有一則哲理故事，說的是年輕人向年長的智者請教，年輕人問：「智慧從哪裡來？」智者說：「正確的選擇。」年輕人又問：「正確的選擇從哪裡來？」智者說：「經驗。」年輕人追問：「經驗從哪裡來？」智者說：「錯誤的選擇。」

每個人從小到大都有屬於自己的獨特的夢想。一個老人說他最悲哀的是年輕時候沒有冒過險，一切都聽從別人的經驗行事，結果到遲暮年紀，在別人眼裡，他一帆風順，規規矩矩，沒走什麼彎路，然後生活安樂。他卻說，我一直生活在經驗裡，沒有走出過別人的告誡，如今想起來，我竟然沒有屬於自己的決定，所以，年輕時，寧願冒險，也不要安逸，別給自己後悔的晚年。家長教孩子，不是單純地教知識，而是教獲取知識的方法。

【名人談教育】

人類教育最基本的途徑是信念，只有信念才能影響信念。

──烏申斯基

不要以「權威」面目教育孩子

孩子有自己的意志和行為，隨著獨立人格的形成，他們漸漸希望以自己的意願來做事。然而，家長卻希望孩子按照大人的心願來做事。此時，家長就像壓在他們頭上的「一座大山」，成了他們時刻想要推翻的勢力，因而家長和孩子的矛盾就會逐步升級。家長既不能放縱孩子一些不恰當的行為，更不想在孩子面前失去自己的權威，於是難免就會出現這樣的場景：

小波在生日的時候得到一輛腳踏車作為禮物，他非常高興，總是在外面騎。沒過幾天，小波的爸爸聽到有些鄰居在抱怨：小波騎車把他們後院的草坪壓壞了，精心修剪的草坪上到處都是一道道車輪印。

小波的爸爸覺得很丟面子，憤怒地對小波命令道：「你怎麼老闖禍，從今以後不許騎車到鄰居家去！」小波對爸爸翻了個白眼，說：「憑什麼呀？」爸爸覺得小波在挑戰家長的權威，一下被激怒了，吼道：「你做錯了事還敢頂嘴，早知道就不給你買腳踏車了！」小波生氣地踢了一腳腳踏車，回到自己房間，使勁地撞上了門。

這樣，不但問題沒有解決，而且家長和孩子誰都不高興。那麼此時的家長應該怎樣處理這些問題呢？權威對孩子究竟有什麼影響。當孩子逐漸長大，有了自己的人生經驗和判斷後，家長的權威自然也就慢慢消退了。可見，權威是有侷限性的，甚至可以說是孩子所賦予的，要求孩子無條件地服從自己，只能得到事與願違的結果。那麼，強迫孩子服從權威會對孩子產生什麼樣的影響呢？

1. 反抗，挑戰

2. 生氣，敵意

3. 反擊，報復

4. 撒謊，隱瞞自己的感受

5. 支配，欺負他人

6. 順從，服從

7. 退縮，逃避

那麼，要怎樣和孩子共同解決問題呢？要想樹立自己的權威，就要放棄權威，或者說放棄權威的架子。在行動之前，家長要做好觀念建設：孩子是一個獨立的個體，有著獨立的人格和思考能力。在面對和孩子的衝突時，尊重他們的需要和看法。父母要不斷提醒自己：「我會盡可能地接納和傾聽孩子的需要，盡量避免武斷、評價、說教。」然後，開始解決問題。

首先，允許孩子說出他的感受和需要。父母不要急於完成這一步，而要耐心地運用積極傾聽法，真正搞清楚孩子的想法。只有孩子被傾聽、被理解的時候，他才會考慮你的感受。

其次，父母說出自己的感受和需要。注意，這一步要簡短、清晰。不要喋喋不休地講述你的擔心、憤怒和鬱悶，孩子會聽不下去的。

最後，大家一起商量出解決問題的辦法。雙方提出各自認可的解決辦法，並把這些辦法列成一個單子。共同對每個辦法進行討論、評價，將一方不能接受的選項除掉，最後選出一個雙方都能接受的辦法。值得注意的是，父母不要評價一個想法「愚蠢」，最好說：「這個辦法對我不公平」，或者「這個辦法不能滿足我的需要。」

這種在雙方平等交流的條件下得出的解決方法，不需要家長去強迫孩子接受，不會導致孩子的反抗，因為這是由雙方討論得出的「共識」。值得注意的是，這個辦法不一定是最好的，但一定是雙方都能夠接受的。而且，這是個可以不斷改進的計劃。

爸爸找來小波，問道：「你的車子騎得怎麼樣了？」

小波興奮地說：「太酷了，爸爸。你不知道我騎得有多快！」

爸爸：「你喜歡把車子騎得飛快。」（積極傾聽）

小波：「是的，爸爸，在開闊的草坪上騎車真是太爽了！」

爸爸：「哦，要在開闊的地方騎才爽。」（繼續積極傾聽）

小波：「沒錯！媽媽在我們院子裡種了花，我怕把花壓壞了，就到鄰居家去騎了。」

爸爸明白了小波的感受和需要，於是簡明地說出自己的問題：「你騎車把鄰居家的草坪壓壞了，鄰居不滿意，爸爸也覺得很抱歉，可能要花時間幫鄰居修剪草坪。你能不能和我一起來想辦法解決這個問題？」

然後他們想了以下這些解決辦法：只有在自己家的院子裡才可以騎腳踏車；只有去宿營的時候才允許騎腳踏車；休息時去公園騎車；小心騎車，不要壓壞媽媽種的花；說服鄰居同意小波在他家草坪上騎車；賣掉腳踏車。

他們分別把一、二、五、六項剔除，雙方都同意三、四項，問題解決了。沒有爭吵，沒有權威的壓迫，沒有委屈的眼淚，雙方都很高興。

【名人談教育】

兒童集體裡的輿論力量，完全是一種物質的實際可以感觸到的教育力量。

——馬卡連柯

他不是你的棋子
從小做孩子的知心好友

第 5 章 父母如何說，孩子才會聽

切忌說那些讓孩子無法插嘴的長篇大論

不論是嘮叨也好，長篇大論的說教也罷，這些都達不到教育孩子，讓他們改正自己的不足的目的。如果當著很多人的面，你的孩子讓你感到恨不得有個地縫鑽進去，你該如何對待他？打他、不理他，還是有什麼好的辦法制止他？要給一個充滿好奇心，並且有使不完精力的孩子界定條條框框絕對是一件有難度的事情，但也並不是絕對實現不了，家長應該掌握一些這方面的小技巧。

1. 無論孩子做出什麼出格的事，家長先要保持冷靜。

在訓斥責罵孩子之前先靜下來想一想孩子為什麼這麼做。當孩子的舉動不合時宜時要保持冷靜確實很難做到，但你要記住孩子也許並不是有意在使壞，他並不完全了解自己的行為會帶來怎樣的後果，就比如他並不知道在奶奶家的春節聚會上往牆上亂塗亂畫是非常不禮貌的行為。

2. 放棄長篇大論的說教。話語要簡單、明了，但不一定要大聲。

簡單明確的語言是最有力度的。讓孩子放棄不適宜的舉動需要一定的技巧，說教根本無濟於事。要盡量用簡短的話表述自己的意願，話越短效果越好。不管說什麼事，都要針對事情本身，態度不要過激，如果孩子說話的聲音過高，你可以輕聲提醒他。

3. 說出自己的感受。

引導孩子站在你的角度想問題。家長和孩子進行有效溝通可以分為兩種不同的

他不是你的棋子
從小做孩子的知心好友

情況：第一，當家長和孩子的狀態都好的時候，可以一起就某一社會現象進行討論交流，共同商討一些有趣的、正向的話題，可以起到增進感情的作用。第二，當家長和孩子有一方或雙方都面臨「不舒服」的心理狀態時，盡量能夠直接表達「自我感受」，而不是命令性的語言。

看到孩子在看電視，一直不做功課，家長可以對孩子說：「寶貝，看到你一直看電視卻不學習，我心裡感到很焦慮，不知道怎麼辦好。」聽到這樣的話，孩子肯定不會有抵觸情緒，反而會反過來為父母考慮，使矛盾變成一次溝通雙方思想的機會。

4. 在無關緊要的事情上冷處理，分散孩子的注意力。

有時候反覆強調你不希望孩子做某事，反而起到了強化這件事的意識，分散注意力的效果更好。舉個例子，假如你的孩子特別愛摳鼻孔，就不要讓他的手閒著，讓他的手中總是有玩具。當然，在孩子做出危險舉動的情況下你必須直截了當地指出來，比如在超市搖晃堆在一起的瓶罐，或者打其他孩子等。

5. 在時機不對的時候選擇沉默，之後再解釋。

孩子說髒話也是不容忽視的一個問題。但是在孩子故意說髒話並期待你的反應的時候，沉默是最好的方法，當然，假如孩子在靜靜的圖書館中突然大聲說髒話，你不可能對此做到無動於衷，你可以輕聲但堅定地告訴他：「這個詞很不好，你不應該這樣說」，然後在離開圖書館後再向他作解釋。

6. 不要只挑錯處，當孩子做對了某事，要多鼓勵孩子。

引導孩子做正確的事情好於糾正孩子的錯誤。只有當孩子做錯事時才予以關注是不對的，如果孩子的表現很好，應該適時給予鼓勵，這會增加孩子的自信，有助於養成良好的習慣。和孩子有效溝通：愛嘮叨的家長還面臨著一個最緊要的問題：不知道如何正確地和孩子進行有效溝通。如果家長和孩子之間的溝通品質高，所有的問題都可以透過簡單的交談來解決，根本不需要「嘮叨」出場。

【名人談教育】

生產勞動和教育的早期結合是改造現代社會的最強有力的手段之一。

——馬克思

把握好與孩子交流的時機

在很多介紹交際學的書中都提到，說話要注意場合，家長在和同輩的成年人說話時一般也都會注意到這些，可是由於很少有家長能做到將自己的孩子看作有著獨立人格的人來看，因此在和孩子說話時不夠講求方式和場合，從而導致交流失敗。教育子女不是一件簡單的事情，很多家長常常抱怨現在的孩子難教。可是，家長如果能處處留心觀察，準確捕捉教育的最佳時機，適時地對子女進行引導和教育，也完全有可能收到事半功倍的效果。

1. 在你剛剛發現孩子的某種不良行為時。

拔小樹易，摧大樹難。大量事實證明，孩子養成惡習往往與第一次發生不良行為時未能及時得到指正密不可分。很多孩子做了錯事，往往主觀上並未意識到。家長若能在孩子的某種不良行為剛剛萌芽的時候，緊緊抓住這「第一次」不放，及時地對其進行明辨是非、詳陳利弊的教育，必能幫助孩子打下良好道德品質的基礎。

2. 新的起點讓人充滿希望，對孩子的要求也最好在新時期開始的時候。

不要隨便給孩子下定義，不要說諸如「你真笨」「你這輩子沒救了」等給孩子定性的語言。任何一個被認定的「壞」孩子，在其失足或犯錯之後也都存在著悔過自新的本能。如果家長在他們立志發奮、決心從頭做起的時候抓好時機，對其進行教育和鼓勵，必能有效地促其變好。這種時機便是各種新時期剛剛開始的時候。

3. 孩子受到委屈或挫折的時候。

當孩子沒有做錯事而被人誤解，或好心辦了壞事而被人責怪時，他們往往認為別人是故意和自己過不去，因而由於委屈而產生強烈的叛逆心理。此時家長若能以冷靜、寬容和理解、同情的態度幫助孩子分析前因後果，幫助他挽回局面，使其得到客觀公正的對待，孩子必然會產生感激之情。

6. 在孩子明知道自己做錯了，有悔過之意的時候。

小孩子也會有自責的情緒。孩子在犯了大錯或闖了大禍的時候，大多會產生畏懼感、負罪感和內疚感。此時，他們比平時更能聽得進不同的意見，也容易虛心地接受批評。父母若能抓好這一時機，在充分理解、同情和體諒的基礎上，幫其總結經驗教訓，循循誘導，將會收到意想不到的效果。相反，父母若抓住孩子「闖禍」的辮子不放，橫加責罵，沒完沒了，卻會適得其反，使其無心思改。

7. 孩子羨慕他人取得的成績的時候。

只要沒有受到壓制和打擊，每一個身心健康的孩子都有爭強好勝、不甘落後的共性。因而當朝夕相處的同伴取得了突出的成績時，他們表面上可能裝得滿不在乎，其實心裡卻在暗下決心一定要追上和超過對方。因此，父母應善於抓住時機，對其進行指導，向孩子提出適當的目標要求，促其將一時的熱情轉化成持久的行動。

8. 對某一事物產生濃厚興趣的時候。

孩子都會被某樣新鮮的事物吸引。當孩子對某一事情如繪畫、彈琴、踢球等產生濃厚興趣時，往往產生積極追求的欲望，他們會自覺地去尋求知識、去刻苦努力。父母應該尊重孩子自己的興趣選擇，而不應將自己的意志強加於孩子，逼其去做不願做的事，學不願學的東西。聰明的父母大多支持孩子的興趣愛好，並幫他們入門，發展的過程中對其進行正確、科學的引導，教其平衡發展，夯實知識基礎，厚積薄發，少走彎路。

9. 初次參加集體活動或不知所措的時候。

孩子也很注重自己的「面子」。大多數的孩子都不希望自己在集體活動中因為亂了大局、壞了大事而在同伴面前出盡洋相；相反，幾乎所有的孩子都希望自己的言行能受人表揚、受人誇獎。家長可以巧妙地利用孩子的這種心理，抓住大型活動（如運動會、藝術週、參觀、春遊等）的大好時機，適時地對孩子進行遵紀守法、熱愛集體、團結互助等教育。

10. 出外做客或家中來客人的時候。

孩子希望得到別人的認可，喜歡聽好話、受表揚，而不希望在客人面前現眼。因而當父母帶其外出做客或家中來客人時，孩子的言行會不自覺地「規矩」起來，平時的許多劣性也會自動隱匿起來。家長如能抓住這個時機，在客人面前適度表揚孩子的優點，他將會引以為豪而繼續發揚。

【名人談教育】

使教育過程成為一種藝術的事業。

——赫爾巴特

關注孩子的實際行動比追問孩子的問題更重要

有些家長對孩子的擔心很多，總希望孩子的任何行為都在自己的掌控之下，否則家長就會感到不安，生怕孩子做出出乎意料的事。不知道孩子交什麼樣的朋友，怕孩子交了壞朋友；不知道孩子在學校學了什麼知識，害怕孩子在學校沒有認真聽講；不知道孩子在做些什麼，害怕孩子有不健康思想；不知道孩子吃了什麼，還怕孩子挨餓受凍……每個家長都有太多的擔心，所以家長總是希望了解孩子多一些，可又不能二十四小時看著孩子，於是，很多父母開始像審犯人一樣，動輒就盤問孩子的行蹤。可是，這種做法恰恰會引起孩子的反感，反而加深了孩子和父母的隔閡。

他不是你的棋子
從小做孩子的知心好友

其實，只要父母善於觀察，完全可以大致掌握孩子的思想動向，再針對其進行教育。孩子的行為是多種多樣的，孩子的每個行為後面都有和成人不太一樣的原因，抓住孩子行為背後的心理才是解決問題的關鍵。下面就讓我們解開孩子內心世界的密碼。

1. 插話

聽到孩子插話不要厲聲斥責孩子，只要給孩子講清楚禮貌和插話之間的關係就可以了。孩子打斷別人的談話，並不是孩子故意在別人面前讓父母感到難堪，這是由他的年齡特徵引起的。這表明孩子對講話中的部分內容感到好奇，迫不及待地想解決心中的疑問或者別人討論的內容，他曾經聽說過或有點似懂非懂，急於想表現自己，講一講自己的看法，還有可能表示孩子獨自玩耍或獨自嘗試著做某件事遇到了困難。

2. 說謊

都說孩子不會撒謊，事實上不是這樣的。當孩子想得到某種利益，或者逃避某種懲罰時，他可能會選擇撒謊。在大多數父母的眼中，說謊就是小偷的開始。因此對說謊的孩子嚴加責備。實際上孩子根本不懂說謊和小偷究竟有什麼必然聯繫。對孩子來說，與其說不懂，還不如說這兩者之間沒有任何聯繫。孩子的大部分謊言來自想像、願望、遊戲和無知，也有出自辯解或引人注目的目的。無論哪一種都不屬於真正的謊言，更不至於發展成性質惡劣的偷竊行為。如果不能充分理解這一點，就談不上正確的處理辦法。我們應該認清隱藏在謊話背後的孩子心理，採取與其心理狀態相符的辦法解決。

3. 忌妒

爭強好勝的孩子容易忌妒，是對同學中智力、名譽、地位、成就或者其他條件比自己優越的孩子懷有的一種不安、痛苦或怨恨的情感。一般來說，對孩子的忌妒

只要很好地教育引導，便可以化壓力為動力，激發孩子發奮上進，相反，如果不能很好地引導，就會影響孩子的健康成長。對於忌妒的孩子，家長應採取心理疏通並輔之以思想教育來消除。

4. 撒嬌

父母過於溺愛的話，孩子就愛撒嬌，生病、身體不舒服時，容易撒嬌；午飯後和晚上睡覺前會撒嬌；到了一個陌生的環境，由於不熟悉環境而感到不開心時也會撒嬌。這些撒嬌是難免的，也是正常的，是親子情感交流的一種形式，父母都應予以理解，並給予安撫。但是對那些稍微有點不順心就故意發脾氣撒嬌的孩子，父母就不能聽之任之、百般遷就了，否則會使孩子養成任性、霸道的性格。

5. 不合群

經常自己玩的孩子會因為對其他的孩子感到陌生，而表現出不合群。有的父母總擔心孩子出門惹是生非，總是把孩子關在家裡，不讓他們接觸同齡孩子，漸漸地孩子就會表現得特別怕生，不敢和同齡人接觸；或者脾氣不好，同齡人不喜歡和他玩；或者變得以自我為中心，只要大家不按自己想法去做就會不高興等，久而久之，孩子就會顯得「不合群」。父母可以多鼓勵孩子與同齡孩子交往。盡量不要在孩子身邊，也不要過問太多，甚至孩子們爭吵，哭鬧等事也讓他們自己去處理，讓孩子同各種類型的孩子交往，不要侷限於鄰居親戚家的孩子，使他們可以廣交朋友。

6. 執拗

在很多情況下孩子不按照父母指導的去做，有其深層次的原因。在現實生活中，父母們大都會面臨這樣的問題：一向聽話的孩子逐漸變得執拗起來，不太聽話了，你讓他向東，他偏向西，帶有一種故意性。家長們為此大傷腦筋，連打帶罵，但收效甚微，而且在一定程度上還出現了副作用。那麼運用哪種行為規範、採取何種溝通方式，才能處理好此類問題呢？對此，需要認識孩子執拗的原因。孩子的執

拗、違抗，只是一種表面現象，在它的背後隱藏著擔心、害羞、缺乏自信、害怕挫折等。因此，當孩子執拗不聽話時，父母應認清原因，用孩子能接受的方式，循序漸進地使其明白是非曲直。

【名人談教育】

智力教育就是要擴大人的求知範圍。

—— 詹‧拉‧洛威爾

把不便跟孩子說的話寫給孩子看

儘管現代社會通訊發達，人們已經無需用傳統的手段表達自己的心意了，不過書信作為一種情感載體，依然有其優勢。傅雷是著名的翻譯家和教育家，他寫給他的孩子的《傅雷家書》，早已經成為一本膾炙人口的書。此書可謂經久不衰，至今仍在重新印刷。這本書以書信的方式把一位關心孩子成長的父親的話用平實的、語重心長的語調記錄下來，讀來倍覺親切。

不要寫官話給孩子看，給孩子的信要真誠。寫信給孩子之所以是一種好的交流方式，就是因為這種方式很感人，多是寫信人真情的流露。如果父母不能用真情與孩子交流，寫信也只能流於形式。如可以把心裡話寫下來，放在孩子的床頭。但是別急著問他看了沒有或者看了之後怎麼想的。因為孩子肯定會看的，但是他看了之後可能什麼也不說。你又有心裡話了，可以接著寫第二封、第三封信。

寫信可以緩和雙方的情緒，能讓孩子心平氣和地接受家長的話。寫信可以是多種形式的。比如，有的家庭用「家庭日記」的方式，還有的家庭經常使用留言條。不管怎樣，只要你採用文字的形式與孩子進行真情交流，就有可能收到事半功倍的效果。當有些事情父母無法說出口的時候，或者與孩子衝突升級的時候，父母給孩子寫信交流，可能比當面開口效果更好。因為父母寫信時心情會平靜下來，說出的

話會中肯一些，而孩子看到父母的信，自然會有些反思，可能會更容易理解父母。

1. 給有情緒波動的孩子寫信。

稍大一些的孩子最不喜歡別人把他們當成孩子看，因此，即便自己遇到困難，也往往不願意讓父母知道，希望自己能夠在父母面前維持自尊。父母在勸慰孩子的時候，也不能再像以前那樣哄孩子，因此，有些父母就不知道怎樣與孩子溝通才好。這時候，父母不妨給孩子寫一封信。收到信後，孩子往往能夠心平氣和地讀，字裡行間透露出來的父母的關愛往往能夠讓他盡快振作起來，同時，他與父母之間的感情自然也增加了許多。

美國石油大王洛克菲勒就給孩子寫過這樣一封信，信中的一部分內容是：樂觀的人在苦難中會看到機會，悲觀的人在機會中會看到絕望。天才發明家愛迪生先生，在用電燈照亮房間之前，共做過一萬多次實驗。但在他看來，失敗不過是自己成功的試驗田。當時，《紐約太陽報》一位年輕記者為此事前去採訪他。那位少不更事的年輕記者問他：「先生，聽說你這次的發明曾經失敗過上萬次，對此，你有什麼看法？」愛迪生對失敗一詞感到很不受用，他以長者的口吻對那位記者說：「年輕人，你的人生旅程才剛剛開始，所以，我告訴你一個對你未來很有幫助的啟示，我並沒有失敗過一萬次，我只是發現了一萬種行不通的方法。」多麼絕妙的回答！當然，我也並不否認失敗有它自身的殺傷力，它可以讓受挫者精神上變得萎靡、頹廢，喪失勇氣和鬥志，但最重要的是，孩子，你將失敗看做什麼？精神的力量對人的影響永遠如此巨大！

寫信和面對面交流所用的語氣和心境是不同的。說話寫信的時候，一個人的心態會比較平和，不會出現面對面交流時的急躁和挑剔的態度，孩子比較容易接受，更容易體會到父母對自己的關心和疼愛，不僅能夠幫助孩子度過難關，樹立信心，增強挑戰困難的意志，而且可以增進親子之間的關係。

2. 給失戀的孩子寫信。

初戀對孩子來說就像一朵晶瑩剔透的花朵，既美麗又容易破碎。孩子在早戀過程中，體驗到的是情感的美好，一旦失戀，孩子就會無法承受巨大的心理打擊。這時候的父母，千萬不要呵斥孩子，責罵孩子不應該戀愛。其實孩子在失戀的時候非常希望得到親人的認同，同時，他也希望父母不要聲張這件事情，自己默默地調整。因此，寫信給失戀的孩子，往往能夠起到良好的效果。

3. 給「問題孩子」寫信。

當孩子有了困惑卻逃避和父母交流時，如果父母有意識地與孩子進行交談，孩子往往懷有戒備心理，有意識地迴避父母，不願意與父母進行溝通。這時候，父母可以採用書信的方式，讓孩子在無聲的語言中接受教育。作為情感載體的書信，往往濾去了父母對孩子的失望、責罵等不良情感，突現了父母的鼓勵、殷切的期望、循循善誘的教導、真摯的關愛之情。這些，都是孩子成長的養料，都能夠鼓勵孩子積極向上，促進孩子與父母之間的良好關係。

寫信也避免了言語冗長的問題。在信中，父母可以仔細思考如何表述一個複雜的問題，不會出現口頭表達時的重複、中斷等現象，更利於孩子全面、系統地了解這個問題。當一些大道理經過父母的認真思考而出現在紙上的時候，孩子往往會比較容易接受。

【名人談教育】

一個人所受的教育超過了自己的智力，這樣的人才有學問。

　　　　　　　　　　　　　　　　　　　　　　　——詹·馬修斯

與孩子討論問題時要平等地說

做父母的總是要求孩子做一個合格的好孩子，那麼，身為父母有沒有做一個合

格的父母呢？做父母的要與自己的孩子一起成長。人與人交往中有兩個詞，一是成長；一是分享。成長和分享是做父母應關注的，如何使自己成為稱職的、合格的父母？需要關注的熱點是，家長自身的學習。學習的目的是：觀念變、行為變、命運變。所謂觀念變，就是父母要使孩子實現自己期望的目標，首先要轉變觀念，因為觀念始終在指揮家長的行為。因此，作為家長要確立兩種觀點：人才觀、親子觀。

人才觀就是你想把孩子培養成什麼樣的人。

對子女的教育不可太急功近利。家長從現在起就確立了目標：孩子長大做白領；去國外留學等，總之不讓孩子輸在起跑線上。有一名班導老師發現了前十名現象。就是在小學階段學習成績在前十名的孩子，當他在十年、二十年、三十年後在社會上只不過是平常的人，沒有顯赫的事業。相反，小學階段學習成績在中等甚至中下等的孩子，當他在十年、二十年、三十年後事業取得了成功，學業上達到了目標。

成績好肯定不是壞事，但好成績也要建立在人生發展完善的基礎上。為什麼在起跑線上優秀的孩子後來反而落後呢？因為家長為追求眼前的成績，不惜犧牲孩子的課外閱讀、社會實踐。一個孩子有否後勁，不看分數，而要看他是花多大代價取得的成績。成績中等的孩子有充分的時間去玩、閱讀、參加社會實踐，而這是一個人生命中不可缺少的環節。

親子觀就是孩子與家長的關係到底怎麼樣。

家長沒有必要每天板著臉，表現出一幅威嚴的神情和孩子交流。傳統的觀念中家長是監護人和教育者。做父母的要名正言順地對孩子進行教育。而現代認為孩子與家長是平等關係，孩子是獨立的人，大寫的人。教育界提出：彎下身段與孩子說話，體現民主精神，對孩子的需求要傾聽、尊重。孩子不是玩具，不是私有財產。

但另一方面，卻要把孩子看成小人，不能用大人的標準要求他。不能剝奪孩子玩的權利，孩子犯錯要學會寬容。同時現在他是孩子，但他會長大，不可能永遠在家長保護下，他會走上社會，所以現在就要為他獨立生活、自立生活做好準備。

他不是你的棋子
從小做孩子的知心好友

家長不要一味地盯著考卷上的成績。學習不僅指讀書還指生活中做人的道理。孩子成長需要動力，這種動力來源於父母情感的支持。如果孩子失敗了，聰明的家長絕不會給受傷的心靈潑冷水，而會說「你很棒，這次考試不代表永遠。」父母的信任是孩子克服困難的動力。家長要親自帶孩子去博物館，分享精神生活和物資享受，與孩子多交流。不主張送孩子去寄宿制學校，因為這個年齡段的孩子需要來自父母的關愛：精神上的關注和分享。父母為孩子提供最直接、最具體的榜樣，家長與孩子的關係是相似形，教育的輪廓不會離開家長的言行。

1. 在家庭中形成民主的氛圍。

與孩子建立平等、民主、相互尊重的人際關係。具體表現：講話是否與孩子的視線在同一水平線上。交談時是否心平氣和，與孩子平等討論。平等家庭的孩子會在社會上懂得人與人之間的尊重。

2. 雙方養成信守承諾的習慣。

口頭承諾也是一種契約，契約就是說話算數，家長對孩子的承諾要兌現。生活中充滿契約關係，教育孩子是父母的責任和義務，要孩子孝順則是父母的權利。父母對孩子的承諾不能因為是小人就不兌現。

3. 面對孩子支持的新的文化，父母要保持寬容的態度。

孩子在文化觀念上、生活方式上與父母有代溝。我們稱爺爺是寫毛筆字的一代；爸爸是寫鋼筆字的一代；孩子是用電腦的一代。沒代溝說明孩子沒有超越父母，沒有發展。孩子不是父母的克隆，是發展的新一代。父母對代溝要寬容，要允許有不同的文化觀念。

4. 人際關係上建立分享的觀念。

現在的孩子因為數量少的關係，都受到「三千寵愛在一身」的待遇，這就養成了孩子唯我獨尊的思想。獨生子女家庭以自我為中心的觀念與分享觀念是對立的。

現代家庭教育的最大弊端是以自我為中心。現代孩子缺少兄弟姐妹交往，父母與孩子既要共同承擔家庭責任，又要共同分享家庭的精神和物資。以自我為中心的孩子絕不會有對家庭和學校的責任感。

家長要藏起一半的愛，普天下的父母有誰不愛自己的孩子，父母的愛是原始的愛，是含蓄的愛。要體現孩子是家庭的三分之一，有真正承擔家庭的責任，不要讓孩子產生「讀書是為父母讀的」這樣的想法。讀書是一種責任心，這種責任心必須從小培養。比「希望工程」更重要的工程是「父母工程」。

【名人談教育】

天賦的力量大於教育的力量。

——伏爾泰

讓孩子幫忙做家務好處多

有的家長唯恐孩子累著了，什麼都不讓孩子做。其實，將孩子照顧得妥妥帖帖，讓孩子無事可做是一種溺愛孩子的表現，有將孩子當寵物的嫌疑。不能自己獲得，只知道等待給予的寵物，將喪失原有的生存能力，最終只能變得依賴和任性。更不能因為孩子做事太慢或者做不好，就不耐煩地剝奪孩子動手的機會……愛孩子，就讓孩子幫忙做家務，做力所能及的事情。做家務和勞動，對孩子來說，也是遊戲。多鼓勵和指導，少包辦和批評，讓孩子在勞動中感受快樂地成長。

愛孩子並不意味著讓孩子脫離生活，相反，這樣是害了孩子。現在的孩子雖然幾乎都是獨生子女，但是讓他們幫助大人做家務是十分必要的，而且他們會從中受益匪淺。孩子的動手能力、手眼協調能力都會得到鍛煉，並培養了孩子的耐心、愛心和責任心。總之，讓孩子幫忙做一些家務除了培養他們的動手能力，還能使其透過動手刺激大腦，對其頭腦的發育有好處。

他不是你的棋子
從小做孩子的知心好友

　　勞動也可以培養出美德。讓孩子建立自我價值感、自信心與責任感的一個好辦法就是給孩子布置一些適合他們幹的家務勞動。從小就幹家事兒的孩子長大以後，往往比不幹家務的孩子更懂得如何照顧好自己。他們從小就懂得幹好一件工作是多麼有價值，每完成一項工作是多麼讓人快意。如果孩子學會了為家庭奉獻，父母和孩子雙方都會從中受益。當孩子能夠分擔家裡的一些家事兒時，爸爸媽媽就可以把更多的時間花在和孩子玩耍、交流上，而不必整天忙於家務。

　　有數據反映，會做家務的孩子自理能力強，而且有責任感，情感愉悅，易形成開朗、自信等性格特徵，可是讓孩子主動去做家務可不是一件簡單的事情，這還需要父母使用一些技巧，讓孩子做家務的藝術。

　　在讓孩子參與勞動的過程中需要注意些什麼？

1. 讓孩子在安全的條件下完成力所能及的家務，不要急於讓孩子獨立完成家務。

　　當煤氣爐正在使用時，不要讓孩子因為要做家務而靠近爐邊；不要讓孩子一下做太多的事情，越小的孩子越缺乏耐心，也沒有能力同時把好幾件事情都處理得很好。

2. 孩子做家務畢竟還在學習階段，不要急於讓孩子做到大人的程度。

　　要根據孩子的年齡和實際能接受的勞動強度和難度為孩子安排勞動內容。要培養孩子做複雜家務的能力，做父母的就要陪著他，將每件事分解成小步驟來教孩子。一面指導、一面監督，上了軌道後，才可以漸漸放手讓孩子獨立完成。

　　如果確實太難了，而孩子積極性又很高，父母可以將這件家務百分之九十都做好，只剩一個步驟未完成，這樣孩子既可以一個小動作就做完，成就感又屬於自己，孩子將更有信心下一次可以做到更好。但要事先跟孩子講好規則，才不會到最後弄得一團亂，罵也不是，不罵也不是。

3. 做家務不是為了應景，需要讓孩子養成持之以恆的習慣。

很多孩子做家務是為了新鮮，幾次後就沒有耐心了。孩子像個複印機，會把家人的言行一項項地複印出來。要求孩子做家務千萬不要隨性而為，要將孩子每天需要完成的家務固定下來，父母跟孩子都要切實的執行。若父母跟孩子其中一人因為某項原因，需要他人代為完成時，趁機教導孩子一定要事先提出來請父母協助，父母再跟孩子商量解決的方法，引導孩子完成自己的責任。

4. 最好不要用金錢誘導孩子做家務。

用金錢誘導孩子做家務會讓孩子對親情感到淡漠。應該讓孩子知道做好家務是家中每一分子的責任，不是一份獲取金錢或禮物的工作，也不是用來交換的條件。

5. 要讓孩子懂得做家務是家庭成員應該分擔的責任，而不是一種額外的「幫助」。

「請你幫忙」的態度會讓孩子感覺自己是「被要求」。要給予責任的概念，告訴孩子自己的事情自己完成才厲害，照顧好自己就是幫大人的忙。

6. 不要讓孩子認為做家務是一種懲罰。

千萬不要在孩子犯錯的時候，把做家務當成懲罰的工具，那會讓孩子更不喜歡做家務的。最重要的是要讓孩子知道「自己能夠做一些事」。父母不要太過在乎孩子家務做得如何，他的能力有限，需要學習做的家務應該多是與生活習慣相關的，像是把自己的鞋子放回櫃子中、把外套掛起來等。父母要做的就是督導，然後找出孩子值得稱讚的地方，即使只是對孩子說：「你真的做得很棒！」相信對孩子而言，也是莫大的鼓勵。

7. 不要責怪孩子不小心犯的錯誤。

由於孩子年齡小，各方面能力較弱，所以孩子在做家務時不可避免會犯錯，可能還會給你「幫倒忙」，這時你千萬不要責怪孩子，否則孩子做家務的積極性就很容

易被打消,而應給予孩子鼓勵,「沒關係,媽媽相信你下次一定能做好」。

8. 增加勞動難度和強度要循序漸進。

孩子的能力畢竟有限,因此,父母在讓孩子做家務時要考慮孩子的實際能力,先安排一些簡單的任務,剛開始父母也可以輔助孩子進行,慢慢地增加一些較難的家務,並讓孩子獨立完成。家庭教育家伊麗莎白·邦得里說:「習慣於承擔家務的孩子,在走向成年的過程中,往往比那些缺乏這種體驗和責任感的孩子更容易適應生活。」

【名人談教育】

有天賦的人不受教育也可獲得榮譽和美德,但只受過教育而無天賦人卻難做到這一點。

——西塞羅

孩子做了錯事要溫和地批評

有的家長對孩子的要求很高,見不得孩子犯錯誤,孩子一旦犯錯,非打即罵。可為人父母者應該明白,孩子的成長是從認識錯誤開始的。錯誤產生的過程也就是學習的過程,所以對待孩子的錯誤,我們要採取寬容的態度。這裡所說的寬容,並不是無所謂和任其發展,而是要就事論事,不要翻舊帳,不要把問題擴大化。在孩子犯錯誤的時候,家長和老師應首先了解孩子出現錯誤的原因,採取集體教育或心理暗示等方法提醒孩子,切不可不論青紅皂白一通粗暴指責。尤其應避免使用以下語言:「傻瓜,沒用的東西!你怎麼這麼沒出息!我真後悔生了你!」等。因為這樣不僅使被嚇壞了的孩子認識不到自己錯在哪裡,而且自尊心也會受到傷害。孩子一旦失去自尊,任你怎樣批評也沒用了。

孩子也有像成人一樣的自尊心,因此,批評也是一門學問,怎樣批評孩子,裡

面可有不少學問。說深了，怕傷了孩子的自尊心；說淺了，又怕孩子不把批評當回事。怎樣批評犯錯的孩子，既能產生最佳的教育效果又不傷到孩子呢？批評孩子有以下六個技巧：

1. 批評的時間和場合很重要。

不同的時間說同樣的話會產生不同的效果。批評孩子盡量不要在以下時間：清晨、吃飯時、睡覺前。在清晨批評孩子，可能會破壞孩子一天的好心情；吃飯時批評孩子，會影響孩子的食欲，長此以往會對孩子的身體健康不利；睡覺前批評孩子，會影響孩子的睡眠，不利於孩子的身體發育。

不要在下列場合批評孩子：公共場所、當著孩子同學朋友的面、當著眾多親朋的面。孩子的自尊心往往很強，在公開場合批評孩子，會讓孩子覺得很沒面子，會打擊孩子的自信心，還可能會讓孩子對父母心懷不滿甚至心生怨恨，會影響父母同孩子之間的感情。

2. 批評不是為了發洩怒火，而是為了幫孩子改正錯誤，批評之前要讓自己冷靜下來。

有的家長在孩子做錯事後會大發其火，特別是犯了比較大的錯或者屢錯屢犯時，做家長的難免心煩意亂，情緒波動會比較大，很可能會在一時衝動之下對孩子說出不該說的話，或者做出不該做出的舉動，這都可能會對自己和孩子產生極為不良的影響，有人甚至因此而釀成千古大錯。

發火根本不能解決問題。因此，不管孩子犯了什麼樣的錯誤，在批評孩子之前，家長一定要強迫自己冷靜下來。只有冷靜，才能對孩子所犯錯誤有一個客觀公正的評判，才能有利於問題的解決，才能幫助孩子找出犯錯的原因和改正錯誤的方法。

3. 給犯錯誤的孩子說話的機會。

不要以大人的視角武斷地批評孩子。導致孩子犯錯的原因是多種多樣的，有孩子主觀方面的失誤，但也有可能是不以孩子的意志為轉移的客觀原因造成的。從主觀方面來說，有可能是有意為之，也有可能是無心所致；有可能是態度問題，也可能是能力不足。

為了避免孩子產生委屈的情緒，當孩子犯錯後，不要剝奪孩子說話的權利，要給孩子一個申訴的機會，讓孩子把自己想說的話和盤托出，這樣家長會對孩子所犯的錯誤有一個更全面、更清楚的認識，對孩子的批評會更有針對性，也能讓孩子心悅誠服地接受自己的批評。

4. 家長的自我批評會得到孩子的理解。

孩子犯錯誤，家長應該自省。在批評孩子之前，如果父母能先來一番自我批評，如：這事也不全怪你，媽媽也有責任；只怪爸爸平時工作太忙，對你不夠關心等，會讓家長和孩子的心理距離一下子拉得很近，會讓孩子更樂意接受父母的批評，還可以培養孩子勇於承擔責任、勇於自我批評的良好品質，一舉多得，又何樂而不為呢？

5. 父母雙方在對待孩子的態度上要一致。

所謂「嚴父慈母」，很多家庭至今還沿襲著這一傳統，父親和母親，在教育孩子方面，一個唱紅臉，一個唱白臉，其實這對孩子的成長是不利的。因為如果這樣，當孩子犯錯後，他們所想的不是如何去認識和改正錯誤，而是積極去尋求一種庇護。

6. 做到批評與鼓勵相結合。

孩子認識到自己的錯誤後，情緒往往會比較低落，父母在批評孩子後，應及時給孩子一些心理上的安慰。可以從語言上來安慰孩子，比如說些「沒關係，知道錯了改正就行」、「我知道你是個聰明的孩子，自己會知道怎麼做」、「爸爸媽媽也有犯

錯的時候，重新再來」之類的話；也可以從行動上安慰孩子，比如，握握他們的手，拍拍他們的肩，或給他們一個微笑，一個擁抱等，這樣就會讓孩子感到，雖然他們犯了錯，但家長還是愛他們的，也還是信任他們的，他們會對家長充滿感激，也會對自己充滿自信。

【名人談教育】

教育的唯一工作與全部工作可以總結在這一概念之中——道德。

——赫爾巴特

孩子失敗時要用溫情的話語鼓勵

多數家長平時對孩子的挫折不太關注，有時也只是安慰一下。當孩子受到挫折時，一味地責罵不可取，要了解孩子受挫折的原因，再針對孩子的不同心理特點加以引導和鼓勵，幫助受挫折的孩子朝積極的方面轉化。

也不能孩子一受挫折家長就代替孩子，全副武裝上陣。其實孩子越被保護就越軟弱。就像被保護的產業通常都會失去競爭力，最後不得不尋求優待措施一樣。無論怎樣痛苦，我們都應該在一旁堅強地鼓勵孩子從挫折中重新站起來。因為遇到挫折後孩子能得到鍛煉，能迅速成長起來。父母不可能使孩子的人生全都如自己所願。父母應該明白，不能代替孩子做的事情要遠遠多於能夠代替孩子做的事情。否則，無論孩子是十八歲，二十歲還是三十歲都不能真正獨立，長大成人。

即使是再優秀的人，生活中也不可能全是坦途，培養面對失敗和挫折的能力是綜合素質中重要的一條。一九七〇年代，中國科技大學的「少年班」名聞遐邇。在當年那些出類拔萃的「神童」裡，就有 IEEE 最年輕的院士張亞勤。但在當時，大多數人都只知道有一個叫寧鉑的孩子。二十年過去了，寧鉑悄悄地從公眾的視野裡消失了，而當年並不知名的張亞勤卻享譽海內外，這是為什麼？

他不是你的棋子

從小做孩子的知心好友

　　導致這種結果的原因很多，其中很重要的一點是他們抗挫能力的差別導致了今天的差距。因為成長過程過於順利，致使寧鉑很難有勇氣面對失敗。大學畢業後，寧鉑雖然強烈地希望報考研究生，但他一而再、再而三地放棄自己的希望。因為他太害怕失敗了。而張亞勤在挫折面前勇於進取，不怕失敗，從而鑄就了他今日的輝煌。

　　「挫折教育」也是教育中極為重要的一環，不僅要讓孩子能從外界給予中得到快樂，而且能從內心激發出一種自尋快樂的本能。那父母應該如何培養孩子的抗挫能力呢？

　　1. 父母要有意識地對孩子進行挫折教育。

　　一味地祖護只能害了孩子。不少家長認為，孩子心理承受能力差，應該對孩子保護有加。這種觀念直接影響了孩子。其實，一個人受點挫折，尤其是早期受一些挫折，很有好處。家長應正確看待挫折的教育價值，把它看成是磨煉意志、提高適應力的好方法。

　　2. 在孩子心理能承受的範圍內，父母可以有意地給孩子設置一些挫折障礙。

　　在國外的教育中，如果一個孩子各科成績總是得到 A，老師就會考慮提高他考題的難度，故意讓孩子得幾個 B，以此來培養孩子的受挫能力。對孩子來說，在成長的道路上難免要遇到苦難、阻礙，如果孩子平時走慣平坦路、聽慣順耳話、做慣順心事，那麼一旦他們遇到困難，就會不習慣，從而束手無策，情緒緊張，容易導致失敗。所以父母不妨在平時學習和生活中有意地給孩子設置些障礙，或對孩子的要求說「不」，以此給孩子「加點鈣」。

　　3. 孩子需要父母給予其勇氣和陪伴，父母要鼓勵孩子克服困難和挫折。

　　讓孩子受到挫折教育，不意味著孩子失敗時父母放任不管。有的孩子在逆境中

易產生消極反應，往往會垂頭喪氣，採取退避的方式。要改變這種現象，就必須在孩子遇到困難時，教育孩子勇敢面對挫折，向困難發起挑戰。例如，當孩子登山怕高、怕摔跤時，就應該鼓勵孩子說：「別怕，你行的！摔一跤算什麼？」當孩子一次次戰勝困難時，他們便會增添勇氣，激起戰勝困難的願望，害怕的心理就會消失，自信心就會增強，抗挫折能力也就培養起來了。

4. 適當用溫情和親情引導孩子。

任何人受到失敗的打擊時都不希望自己一個人面對。生活中的不如意太多了，對孩子來說，家人的溫情與支持是信心的來源。人是有感情的動物，我們多麼希望孩子能一切順利，但是挫折卻像影子一樣跟隨著孩子的一生，我們只好把它當作生活中正常的一部分，以一顆平常心去對待。因此，當孩子面對挫折的時候，父母更應看重孩子的心靈，用溫情去溫暖孩子，對孩子進行引導，避免挫折對孩子的心靈造成傷害。

5. 勵志類書籍是很好的療傷良藥。

可以多引導孩子讀一些名人傳記，讀得多了，就感覺到人生的過程就是不斷戰勝困難、戰勝挫折的過程。和偉人比起來，我們遇到的困難和挫折實在算不了什麼。偉人是在大海洋裡與大波大浪搏鬥，而我們的挫折，真的像在公園裡划船時遇到一點小浪。不經歷風雨，怎能見彩虹，只有勇於面對挫折的孩子，才能取得成功。

【名人談教育】

創造人的是自然界，啟迪和教育人的卻是社會。

——別林斯基

孩子撒謊時要進行引導性教育

每個人一生中不可能不撒謊，不可能完全杜絕撒謊，然而父母一定要教會孩子

125

他不是你的棋子
從小做孩子的知心好友

誠實的習慣。生活中有的孩子愛說謊，而且撒謊時臉不變色心不跳，這是許多家長最頭疼的事。據調查，孩子撒謊的種類並不亞於成人，包括無惡意的謊話、社交性的謊話、殘酷的謊話、善意的謊話、隱藏事實逃避處罰的隱瞞性謊話，以及蓄意說謊以獲利或增加威信的明顯謊話。事實說明，無論你如何教孩子，他們遲早會對你說謊。孩子愈大，謊話越多越高明，而且說謊得逞又逃過處罰，謊也越扯越多。英國心理學家基納特曾經說過：「撒謊是說真話遭到訓斥的孩子在心理上解脫自己的避難所。」可見，孩子之所以撒謊，除其他心理因素外，家長的某些教育方式是導致孩子撒謊的直接原因。孩子撒謊一般出於以下幾種原因：

1. 想逃避懲罰或不想父母失望。

雖然有的孩子很小就會撒謊，但孩子並非生來就會撒謊，他們天性純真、直率，他們不會隱瞞自己的意圖，不會掩飾自己的情緒，不會控制自己的探索，他們是誠實的人。但當他發現自己的誠實引起了父母的不滿甚至是責罰，他就學會了裝假說謊。有些孩子剛開始向父母坦白時，受到的是父母的打罵，這就會在心理上給孩子一種暗示：既然說真話也遭訓斥，還不如撒謊或許能騙過。

每個孩子都希望得到長輩的認可，做事時不僅想做好，很大程度上也想讓父母、老師高興，從而得到更多獎勵。成功難度較大時，為了不讓父母、老師失望，只好說謊，「這次考試成績還沒有出來」、「考得還可以」等。還有，孩子對周圍的一切都感到好奇，特別是家裡剛買來的東西，非要用手拿一拿，仔細看看，往往一不小心，就弄壞了東西，這時孩子內心緊張而恐懼，害怕父母訓斥打罵，不知不覺地開始說謊。有的孩子在做錯事情以後，內心會受到一種壓迫，擔心受罰而誘發其說謊。

對這種謊言，聰明的父母不應該不分原因的責備和體罰孩子，該懂得和孩子溝通，告訴孩子，爸爸媽媽喜歡誠實的孩子，雖然爸爸媽媽不希望他做錯事，但爸爸媽媽更不希望他撒謊。然後，給孩子承認錯誤的機會，理解孩子犯錯誤的動機，包

容孩子的錯誤結果，給予孩子改正的機會，鼓勵孩子主動承認錯誤並改正。對於這種類型的謊言，切忌父母之間因教育態度不一致，一方袒護孩子的錯誤，而在孩子面前爭執，給孩子以可乘之機，導致孩子繼續撒謊。總之，對於懼罰型撒謊的孩子，父母要調節自己處理事情的態度與方式，給孩子改正的機會，不要失去孩子對自己的信任。

2. 為自己的其他不良行為辯解而撒謊。

孩子總會千方百計地去獲取自己喜歡的東西。有些孩子習慣於一切玩具、食品都歸自己所有。再加上有些父母不注意教育孩子「不是自己的東西不能拿回家」，當父母發現孩子有不屬於自己的東西時，孩子經常會編造一些謊言，如小朋友送的，或者是自己拾到的等。這種屬於行為性撒謊，其表現比較嚴重，常常伴隨偷拿和破壞等不良行為，對孩子自身成長的危害性比較大。

此時千萬不能姑息孩子。對於這種類型的謊言，若孩子說謊後沒有被發現，或者被發現了但父母並沒有採取相應的措施予以糾正，或者被其他人揭穿後，父母因顧及顏面而袒護孩子等，都會助長孩子的說謊意識。聰明的父母應該不能讓孩子的「陰謀」得逞，讓他知道如果撒謊會有非常嚴重的後果。

3. 為得到某種好處或便利而撒謊。

孩子的模仿能力很強。成人有時迫不得已說上一、二句無關緊要的小謊言，孩子卻會當真，而且不由自主地去模仿。有人做過調查研究，孩子說謊多半來源於父母說謊或言而無信。給孩子一次次許願，但是卻又一次次地不兌現；父母不願見某個人，就告訴孩子某人來電話或到家裡找就說父母不在家；不願借東西給鄰居，就教孩子說東西借給別人了或弄丟了等。這一切無形之中都在孩子幼小純潔的心靈中播下了撒謊的種子。

他不是你的棋子
從小做孩子的知心好友

【名人談教育】

教育之於心靈，猶雕刻之於大理石。

——愛迪生

孩子心理出現問題時要用談心的方式說

近年來，孩子的心理問題越來越受家長的關注。專家建議父母既不要對孩子的心理問題視而不見，但也不要主觀臆斷。心理問題的初期是有心結，那時發現並及時去解開它，就不會有後面的痛心疾首了。所以，平時家長們就應注意，孩子有了心理問題的苗頭，應與孩子多交流，必要時向學校老師或專家尋求幫助。在了解孩子心理狀態、平等地對待他們的時候做足功課。很多時候，不容否認的事實是，家長自己造成了孩子內心的冷漠，同時也要為自己種下的苦果負責。如何避免孩子心理問題的出現？或者怎樣將不良後果扼殺在萌芽狀態？

首先先要大致了解哪些情況屬於心理危機。這一代的孩子處在一個充滿競爭的環境裡，家長及學校都很重視孩子的智力、身體發育，卻容易忽視孩子的心理問題。近年來，一些中小學生由於焦慮、抑鬱、偏執、自卑、孤僻、懦弱等心理障礙，造成出走、自殘、自殺等事故，而且這一比例呈上升趨勢。專家稱，這屬於出現心理危機。

在情緒方面，常出現焦慮、恐懼、懷疑、沮喪、憂鬱、悲傷、易怒、絕望、無助、憤怒、過分敏感或警覺、持續擔憂、害怕死去等。在認知方面，常出現注意力不集中、缺乏自信、無法做決定、健忘、不能把思想從危機事件上轉移等。在行為方面，害怕見人、暴飲暴食、容易自責或怪罪他人、不易信任他人等。

發現孩子有這些過激情緒和行為，不要一味指責孩子。孩子的心理出現問題，首先是家庭教育出現了誤區。一些家長對孩子干涉過多，教育方法簡單、粗暴，引

發了孩子的叛逆心理。其次是學校忽視了對學生的個性化教育，不能及時地發現學生的心理疾患。不仔細查診學生的心理病因，是治不好他們的心理病的。

　　學習考試中的壓力也是產生心理障礙的重要原因之一。專家介紹，臨床表明，大多數學生存在考試焦慮症。這種焦慮是以擔憂為主要表現形式的，具體表現在：擔心考糟了，他人對自己的評價不利；對個人的自我理想失去信心；擔心未來的前途；擔心對考試準備不足等。

　　還有的孩子在人格發展上存在不足。對人格因素造成學習障礙的學生，應著眼於引導，要培養他們健康的人格。對意志因素造成學習障礙的學生，應著眼於鼓勵，還要為他們創造一個寬鬆和諧的環境，讓他們在自身的內在要求下刻苦學習。

　　清楚了產生心理問題的原因，就應「對症下藥」。對認知因素造成學習障礙的學生，應著眼於輔導，有針對性地補上知識鏈上的脫節，並指導學習方法，幫助他們盡快走入正常的學習中。對於情感因素造成學習障礙的學生，應著眼於疏導，要溝通親人間的感情，要用自己的情感引起孩子共鳴。

　　在家庭教育中，開展心理健康教育的主要內容有：

1. 引導孩子形成正確的人生觀。

　　使孩子從小懂得：為什麼活著，應該怎樣做人。在孩子心目中樹立正確的思想與追求，因為崇高的理想具有鼓舞人們前進和奮鬥的巨大精神力量，可使人在艱難困苦中依然充滿希望和信心。

2. 在孩子個性形成的階段注意溝通，完善其心理品質。

　　如自我氣質的了解與完善，活潑開朗性格的塑造，廣泛的興趣和探究精神的培養。

3. 讓孩子形成正確的人際交往觀。

　　能夠正確認識、評價和表現自己，透過孩子交往準則和處理人際關係的技巧輔

導與訓練，掌握人際交往的社會性和技巧等。

4. 積極健康的情感、意志、品格、品德心理的培養。

學會把握自己的情緒，做情感的主人，學會正確處理理智與衝動、調節與控制，挫折與磨礪的關係。形成正確的倫理道德觀念，樹立自信心，對不良品德的預防與矯正等。

6. 在學習上不要單純追求成績，而要著眼於學習的方法和主動性。

注意力、記憶力、觀察能力、思辨能力、創造性思維的培養，有關複習與遺忘規律的掌握，以及積極主動探究的學習態度等。使孩子在認識自己的基礎上，確立恰當的學習目標；認識學習的價值，形成合適的動機。

【名人談教育】

教育的目的，是替年輕人的終生自修作準備。

——R.M.H.

孩子說髒話時要適度提醒

很多家長在第一次聽到孩子說髒話的時候，總是很慌張。一些孩子不該說的髒話、粗話也隨之出現了。爸爸媽媽喜歡說這句話：「孩子小，學什麼都快，學罵人也最快。」而事實也果真如此。有時，家裡來了客人，逗逗孩子，孩子張口罵人，真是弄得客人和家人都十分難堪。其實，孩子年幼，還沒有明確的是非觀念，也許他們根本沒弄懂那些髒話的真正含義。

聽到孩子說髒話父母第一個反應就是懲罰。輕則要批評許久，重則就會給孩子一個耳光，甚至還有打嘴的……五花八門，什麼懲罰方式都有。但是，孩子們似乎對髒話、粗話「情有獨鐘」，而且有愈演愈烈之勢。難道罵人也會上癮嗎？

孩子說髒話、粗話往往是因周圍的環境及孩子善於模仿的特性和父母的疏忽共

同作用的結果。其實，要解決孩子說髒話、粗話的問題，就要查出孩子這麼說的原因，然後再有針對性地給予指導。糾正孩子說髒話、粗話的習慣，我們可以採用下面的方法：

1. 為孩子提供好的語言環境。

首先父母要為孩子做出好的榜樣，也要注意孩子周圍的生活環境。盡量不要讓孩子從電視媒體上學會髒話、粗話。從小伙伴那裡也容易學到各種各樣的髒話、粗話、不好的順口溜等。我們要及時站出來指正孩子的錯誤。並且要引導孩子玩文明、健康的遊戲。如果發現孩子和小伙伴說髒話、粗話，更要給予糾正。

2. 不要以激烈的反映強化孩子不正確的行為。

孩子說髒話，多半是模仿、好玩，是為了顯示他的某種本事。碰到這種情況，家長千萬別笑，更不要流露出驚奇的神色，有時嚴厲的訓斥也是無濟於事的，因為這些反而會強化他的行為。其實孩子並不一定知道髒話的含義，主要是為了得到父母對他的反應或注意。家長聽到孩子說髒話，要強忍著不顯示出任何興趣。只有這樣，他才會覺得索然無味。久而久之，那些不好聽的字眼或髒話就會逐漸被忘掉而消失。

當然，也可以尋找比較恰當的時機，告訴孩子，說髒話很難聽，只有壞人和不學好的人才講髒話。在日常生活中，孩子有時能用自己的語言來讚賞或描述他喜歡的人和事，這時，我們一定要及時鼓勵表揚，讓他感覺到美的語言是令人愉快的。

3. 引導孩子對髒話有正確的認識。

如果孩子經常重複一些髒話、粗話，我們應該嚴肅地告訴孩子這些話不文明、不好聽，爸爸媽媽和所有的人都不喜歡聽。在我們批評孩子的時候，要注意用詞文明，不可以在批評中也摻雜髒話、粗話，這會讓孩子覺得：父母尚且如此，我為什麼不能說呢？

他不是你的棋子
從小做孩子的知心好友

告訴孩子，大人說髒話也是不對的。例如有時我自己急躁時也會隨口說句不好聽的，所以我批評兒子說髒話時，他會問：為什麼大人說髒話？要有效制止孩子說髒話，必須在糾正前，先讓他們知道，無論誰說髒話都是不對的。因此我耐心地告訴兒子，大人也有犯錯誤的時候，你也可以要求爸爸改正錯誤，大家互相幫助，都不說髒話，並說到做到。在家裡建立互相監督的制度，如果不小心在孩子面前說了不文明的詞句時，一定向孩子承認錯誤，以加深他不能說髒話的印象。

4. 找準問題所在，對症下藥。

孩子說髒話的原因很多，先進行了解，然後再有針對性地給予指導。如果孩子說髒話、粗話是因為沒有明確的是非觀念，我們就要在日常生活中，抓住每一個能增強孩子判斷是非能力的機會，加以利用，進而給其深刻而有力的教育；如果孩子說髒話、粗話是因為發洩不滿，我們就要隨時教給孩子表達情緒的正確方式。可以在孩子安靜時告訴他如何表達心中的不滿，如告訴對方「你沒道理」、」我想你不對」等，甚至生氣不理對方也行，總之都比罵人更能解決問題；如果孩子說髒話、粗話只是因為覺得新鮮好玩，故意說來取悅成人或表現自己，我們可以在孩子每次說髒話、粗話時，表示出不高興或覺得無味，幾次下來孩子就不再說髒話了。

【名人談教育】

對雙親來說，家庭教育首先是自我教育。

——克魯普斯卡婭

糾正孩子的壞習慣要用淡漠的態度

孩子成長的過程就像小樹長大，需要剪枝修葉，就是糾正孩子的壞習慣。有些父母覺得孩子的壞習慣總是層出不窮，以前的壞習慣還沒改掉又多了新的壞習慣。殊不知孩子正是在不斷犯錯誤的過程中認識到正確。糾正孩子的壞習慣要從以下幾

點做起：

1. 建立良好的親子關係，孩子才容易聽話。

如果家長希望孩子能更好地與自己合作，首先要從關注改變他，轉變到關注改善你與他的關係上來。有些父母一聽到有人「告狀」或看到孩子行為不軌，就非打即罵，恨鐵不成鋼。實際上，孩子在成長的過程中，每天都會有一兩次不禮貌或不良行為，此時家長如果不分場合，不分情況，逐一加以糾正，結果只能是讓家長和孩子雙方都感覺不舒服。

家長感覺自己是一個壞媽媽或壞爸爸，孩子則感覺自己什麼事情都不能做，從而不敢嘗試或產生自卑心理。家長費了很多時間精力做的糾正工作，結果卻不盡如人意。正確的做法是，每天都給孩子一到兩次正面積極的回應，或者在特定的某件事上給予表揚，用肯定的態度愛護和關心，一個鼓勵的眼神或一句簡單的表揚都要勝過一堆喋喋不休的指責或物質獎勵。因為孩子是愛表現的，只需輕輕一誇，孩子就會高興，精神上都得到滿足。家長還可以每天抽出時間來和孩子玩一會兒他喜歡的遊戲，這對改善家長與孩子的關係非常有幫助。只有關係改善了，孩子的不良行為才容易改善。

2. 家長在教育孩子時要保持冷靜，不要帶著情緒。

看電視沒完沒了，晚上不肯睡，早上賴床等行為，在當時情形下，媽媽通常會遭遇到孩子的哭鬧、叫喊等抵抗，也難免會發脾氣，從而開始了又一輪的吵鬧比賽，這並不能促進孩子與你配合，結果只是使雙方更生氣，或讓孩子知道如何堅持就能勝利。

處理這種情況的關鍵是家長保持冷靜。那具體如何做才更有效呢？家長可以告訴他，無法接受他現在的行為，並再給他一個更好的替代選擇，讓其二選一，比如：坐在地上耍賴是不對的，你可以坐在凳子上告訴我你的想法。

3. 要學會站在孩子的立場想問題。

為了趕時間，媽媽通常會說：「我們必須馬上出門，否則你去補習班就會遲到了！」這實際就沒有考慮孩子的感受，實際上媽媽可以換一種語氣：「我知道這麼早起很困難，今天晚上我們早睡，今天克服一下。」

4. 不盲目地制止孩子。

有的家長會時刻注意孩子的一舉一動，使孩子始終處在緊張中；而且對於有些嚴厲的家長，可能孩子得到的總是「不」或嘮叨。告訴那些剛會走的孩子別到處亂扔玩具，可以告訴他「當我看到屋裡讓你弄的一團糟，每當我整理清掃的時候我就會頭痛」，接著要給孩子一個警告，並強調你將要做的事情，「如果你再亂扔玩具，我就把你的玩具給隔壁的寶寶」，這可能對孩子懶惰產生一種威脅。

5. 制定共同遵守的規則。

孩子經常未經過大人同意就隨意拿水果吃，或是自己開電視看，對這些看似不起眼的小事，父母也不能聽之任之。一些生活中的規矩應早早為孩子定立，譬如不能隨心所欲吃糖果，不能一整天看電視。放任孩子不遵循規矩做事絕不是好辦法。如果父母繼續縱容，孩子就可能出現不通知大人就外出的情況。

對於家庭規則的確定，要清楚地、正式地告訴孩子。如果孩子在規定時間以外打開電視，應讓他及時關閉電視機，並且大聲清楚地再陳述一遍規則，這樣做有助於讓孩子銘記在心。不要以為孩子一定能從父母的行為、好惡中明白所有的規定和限制。事實上，我們常常發現，許多孩子只知道父母對他不滿意，而不知道父母要他怎麼做，難怪孩子會將父母的指責視為父母的「情緒」。不少孩子抱怨父母整天對著他發脾氣，真心地感到自己很無辜。

【名人談教育】

人是社會的動物，因此，人不可能獨立於社會而存在。一個人必須在與他人的交往中，才能完成社會化過程，使自己逐漸成熟。

——亞里士多德

糾正孩子的錯誤行為要冷靜地說

孩子有了缺點，父母都很頭疼。慢性子、膽小、不合群、脾氣暴躁、上課搗亂……很多父母被孩子諸多的行為問題困擾著。他們不僅想改變孩子的現狀，更想探究孩子們的內心世界。實際上，在焦慮之餘，我們想到過沒有，「問題」本身就是成長的一部分。做父母的，首要之務即是停止憂慮孩子是否正常，重要的是了解到底哪一些事情在困擾孩子。放輕鬆點，了解只是第一步而已。最大的挑戰是了解之後的行動。不管我們提供什麼樣的解決之道，解決方法是否有效，首先要看父母能否因孩子的改變而改變自己。

1. 孩子做事磨蹭，怎麼催促都不行。

我的孩子比較內向，而且有點膽小，做事也比較磨蹭。他現在已經上小學四年級了，但是寫作業還必須要讓我盯著，否則的話，他一個小時也寫不了多少。每天早上起來，我還需要盯著他穿衣服，吃飯也是一樣。所以，即使我早上五點半就起床，做好飯以後六點鐘把他們叫起來，早上上學還總是遲到。看著他幹什麼都這麼慢，我心裡特別著急，甚至都想衝他發火。

孩子做事慢有的時候和家長不無關係。有時家長管得太多太細了，所以很多本應該是孩子的任務就變成了家長的任務。這時候，孩子做事就比較被動，他的效率高低與家長是否在場是緊密相連的。如果家長在時，他可以很快地完成作業，這說明他的能力沒有問題。所以，不妨採取一些遊戲的方法。比如拿一個鬧鐘，和孩子

他不是你的棋子

從小做孩子的知心好友

協商，問他多長時間可以將作業完成，然後上好鬧鈴。如果孩子在此之前完成了作業，要積極地鼓勵他。慢慢地讓孩子形成自我約束的習慣。

孩子做事慢可能有他自己的考慮：他可能做事更仔細一些，考慮得更周到一些等。要首先表揚孩子的優點，再提出你的期望，比如：「兒子，你做事真認真，只是如果再能快一點點就更好了。」這樣，孩子會比較容易接受。

2. 孩子膽小，要多培養她的自信心。

我的孩子特別膽小，做什麼事都喜歡躲在後面不出頭。有一次上英語課，老師讓小朋友到講台前認一些英文單字。她其實都會，但就是不敢去。別的小朋友不會她還在下面著急。老師感覺她很不錯，問她願不願意當班長。她實際上願意，但是也不敢跟老師說。

比較少接觸外界的孩子心靈空間也變小了。一個不常和人群在一起的心靈是會感到恐懼和寒冷的。所以，我們要給孩子多創造一些機會，比如可以帶孩子參加一些聚會，或者週末的時候多帶她去公園，多接觸小朋友。不要總是很嚴厲地責備孩子：你怎麼這麼膽小呀，連這都不敢去，你看看人家！這樣，孩子就會覺得自己真的很膽小，以後就更不敢做事情了。

3. 孩子脾氣不好，引導孩子用正確的方法發洩情緒。

我兒子有時候愛發脾氣。有一次我們帶他去商場購物，他和一位售貨員玩得很開心。後來，我告訴他該走了。售貨員就跟他開了一句玩笑說：「你別走了，就留在這裡吧。」他就生氣了，嘴裡還喊著：「我要發脾氣了！」

不少家長都有這樣錯誤的認識：孩子是不應該發脾氣的。當孩子發脾氣的時候，父母的反應特別重要。我們不需要在這個時候教他某件事你應該做到什麼程度，或者應不應該做，因為此時他的思維是關閉的。這時候孩子只需要你陪他一起難過，或者給他冷靜的時間讓他自己調整。另外，有時候孩子可能會有點耍賴。如果是這種情形，我們可以說出一些嚴厲的話。比如，「不行，這事沒得商量！」「這件事

我已經說過很多次了，不想再重複了。」父母嚴肅的語調，會讓孩子認識到事情的嚴重性，這是對孩子最大的威懾。不過，家長要盡量平靜，不要情緒特別激烈。不要讓孩子有天塌地陷的感覺。

【名人談教育】

年輕人把受教育求進步的責任和對恩人及支持者所負的義務聯結起來，是最適宜不過的事，我對我的雙親做到了這一點。

——貝多芬

與孩子發生衝突要平心靜氣地說

許多父母都經歷過類似的事情：

我的大兒子一向是挺乖巧的孩子，可是有一天，我拒絕了他買一雙名牌鞋的請求。他竟然怒氣沖天，躲在屋子裡不肯出來，好幾天都不說話，也不和我們一起吃飯。因為兒子知道我們不是買不起那雙鞋，而是不想給他買，可是他不理解我們這樣做只是不想讓他養成追求奢侈的習慣。他覺得根本沒有這個必要，因為在其他方面其實他並不奢侈，只是那雙鞋他確實很喜歡。然而我和他爸爸又怕這次滿足了他，今後他喜歡的東西會越來越多。

1. 即使是在矛盾很激烈的情況下也要保持冷靜。

家長遇到這種事情儘管很難不生氣，最好的辦法是在孩子怒氣衝天，恨意未消時深呼吸二至三次，不要與孩子立即或長時間爭辯。關注情感，而不在於言辭好惡，然後保持心態平衡。「我知道，我讓你生氣」，我對我的兒子說，「等到你冷靜時我們談一談這件事，但不是現在。」

孩子聽到你尊重他們的基本情感而不是一味的反對或否定非常重要，並強調「你不是真正恨我」或者「我不是不公平」。同時，我們必須幫助孩子認識到爭論期間突

然爆發的憤怒極不恰當。

2. 讓雙方坦誠地說出怨言和心裡話，只要孩子的要求並不十分過分而頻繁，偶爾答應了，事後再交流。

及時展開討論也十分重要。你不必等待太久，嘗試著判斷孩子生氣多長時間以及你恢復平衡某種情感需要多長時間。一陣大怒後，當你聽到孩子在房間嗚嗚哭泣時，你知道這時你能夠開導孩子了。如果他仍然怒氣未消，他肯定會保持沉默。

一旦你們坐下來交談，必須放棄感情用事，而應該考慮在生氣過程中尋求事實依據，以理服人。重點是提問和傾聽，而不是一味地說教。比如你的孩子此刻很想去逛商場，可是他明天有個很重要的考試，你阻止他去，他反而大發雷霆，反而不認真準備考試了。如果你說明了你反對的理由，可孩子還是一定要去。那就先答應這種在你看來荒唐無理的要求。不但能改善孩子感情受挫，灰心喪氣，一蹶不振的狀況。而且很多孩子過後都會認識到自己的錯誤。

3. 交流彼此的意見。

只有當孩子和家長都對彼此沒有怨言的時候才可以進行交流。這時不如問問：「我們能夠確信彌補不再發生類似衝突嗎？我們最好做些什麼呢？」你訂了一套規則給孩子，要求孩子遵照執行。不僅在於她認識到你重視她的意見，而且她將能較好的適應未來挑戰般的生活。

同時，請記住，有時孩子的抱怨是有道理的。父母答應給孩子購買的東西卻出爾反爾不買了，或者強加給孩子一些不切實際的要求，或者因為孩子做錯事而不停地嘮叨責怪孩子。

4. 牢繫情感的紐帶。

血濃於水，不管有怎樣的不愉快，要讓孩子敢於面對強烈的憤怒，但這些都是出於感情的自然流露而不要過分張揚。讓他們知道「即使當時我對你很生氣，但我

仍然愛你」，我的孩子們很小時我就對他們說。在以後的歲月中，我們發生了衝突後，他們仍能理解我。我明白他們感到了愛的歸屬。孩子們遭到猛烈的暴風雨般的情感打擊後，一旦暴風雨停止，父母要適時提醒不同年齡階段的孩子記住，他們都將找到屬於他們自己的即安全又充滿親情愛意的港口。

【名人談教育】

思想是行動的基礎，它把青年拉向一方面去，而生活和利益的實際要求把他們拉向另一方面去，在大多數情況下，生活總是占上風的，於是，大多數受教育的青年人經過了一段熱烈的青春迷戀時期之後，就走上了已經踏平的道路，而且漸漸走得習慣了。

——柯羅連科

有些時候要使用暗示，做到無聲勝有聲

在不經意之間，你的暗示可能給孩子很大的影響。積極的暗示，特別是來自親人、朋友或老師的暗示，幾乎肯定會對孩子在心理和心智方面產生良好的作用。愛的暗示給孩子以力量。有的母親不會在具體事情上過多地干涉孩子，而總是以自己的言行和手勢給孩子暗示。

母親總是能發現我身上一些特別的東西，並總是以自豪的、不加掩飾的讚賞的口氣說出來。比如「這孩子太不一般了，他看一樣東西總是目不轉睛」；「哎呀，這孩子哭起來像打雷一樣，這太神奇了」；「看看這孩子真不簡單，吃這麼苦的藥，一聲不吭」；「你看，他的力氣真大，這麼重的東西他都能拿得起」如此種種。幾乎所有孩子都有的表現，我的母親也會本能的把它描述成自己孩子不凡的稟賦。

有的時候，她有時甚至把這種表現和神祕的世界觀連起來。「你看我們家孩子就是腦子好用，天生就這樣，以後肯定能考上好大學。」……她的這種暗示完全出

他不是你的棋子
從小做孩子的知心好友

於本能和愛，所以這種稱讚本身就毫無誇張和虛飾，讓孩子真的以為自己一定很出色。結果，這種暗示被孩子所接受，他真的表現很出色。

但更多的家長只會給孩子消極的暗示。比如，在街上遇到了同事，讓孩子叫人，孩子卻遲疑了一會兒，沒有吱聲，母親解釋說：「這孩子就這樣，從小遇事就很害羞、膽怯，怎麼教都不會。」同事善意笑笑道：「女孩子嘛，性格比較內向靦腆，這很平常。」女孩聽到後，下意識地閃避在母親身後，把頭埋得更低了。

暗示是指透過語言、手勢、表情等施加心理影響的過程，暗示的結果是使接受暗示對象的心境、情緒、興趣、意志方面發生變化。暗示教育最大的特點就是「暗」，即在潛移默化、不知不覺中影響孩子稚嫩的心靈。積極的暗示能促進孩子健康成長，培養良好的性格和心態。與說理教育相比，正確的暗示更有利於使教育者與被教育者之間的關係融洽，使教育含蓄委婉，無形中培養孩子良好的道德意識和行為舉止、以及堅強的情感意志。消極的暗示則是孩子心靈的腐蝕劑，除了讓孩子情緒低落、產生自卑和自棄心理外，還可能誤導孩子接受某種錯誤的訊息或概念。

例如，家長以「孩子從小就膽小、害羞」解釋孩子不願意招呼他人的原因，不但解決不了任何問題，反而暗示孩子「我本性就是膽怯內向型」，容易讓孩子產生自卑心理，也使孩子默認了對自我性格定型的害羞、膽怯元素，不利於孩子人際交往的發展。又如，家長過分擔心外界帶給孩子的傷害，在表示焦慮不安的狀況下，一方面在心理上增加了孩子疼痛的感覺，使孩子變得嬌氣脆弱，另一方面讓孩子滋生了生活中的惰性，喪失獨立自主的意識，加深對父母的依賴。如果家長此時淡淡地說：「沒關係，自己爬起來吧。」孩子則很有可能若無其事地站起來。

所以和孩子交流時一定要注意自己的言行和手勢、表情等。積極心理暗示帶給孩子積極的認識和體驗，家長應慎言慎行給孩子積極的暗示。家長在講解道理時，可以將「理」透過設喻、講故事、玩遊戲、角色體驗等形式表現出來，從中點撥啟發孩子，實現教育目的。在糾正孩子錯誤時，可以以身作則，為孩子樹立榜樣，利

用榜樣的力量感染孩子，在避免傷害孩子的自尊和信心的同時，促使其不斷進步。家長在暗示教育時，要靈活運用神態表情達到教育的目的，如對孩子的獨立給予讚賞、肯定的眼神，讓他體會成功的愉悅；對孩子的挫折失誤，給予安慰、愛撫目光，使孩子感受勇氣與力量。家長還可以利用激將法，避免說教給孩子帶來的壓抑感和叛逆心理，也能激發起孩子戰勝困難的鬥志，取得事半功倍的效果。

【名人談教育】

德行比人情世故更難獲得；青年人失掉了德行很少能夠再恢復。怯懦無能和不懂人情世故是大家歸給私家教育的過錯，其實這並不是在家庭裡面進行教育的必然結果，也並不是無法醫治的毛病。如果說家裡溺愛太過，常常使人懦弱無能，應該竭力避免，那主要是因為我們的目的是為了德行的緣故。

——洛克

孩子最容易接受提建議的方式

經常聽到家長說：我們說話孩子不愛聽？怎麼辦？其實，他們跟孩子說話多數是用指令性的語氣說的。這種語氣在孩子小的時候還算行得通，但隨著孩子的人格獨立性不斷增強，這樣溝通的結果是，孩子越來越不聽話。說到底，家長沒有學會用建議的語氣跟孩子說話。那麼怎麼向孩子提建議呢？要真正提好建議，需要做到以下七點：

1. 在學習方面要循序漸進，讓孩子自我改變。

家長最操心的就是孩子的學習情況了。對於稍大一些的孩子，要引導他對自己進行了切實的分析，從某種程度上來說，孩子已經具備了解自己的能力，而且也能發現自己的不足之處。僅從這一點來看，他已經具備了改變和成功的一半素質。一般來講取得成功有這麼一個順序：自己了解自己、自己發現自己、自己肯定自己、

自己超越自己。其實孩子首先要做的就是現在就去執行計劃，只要在行動上表現出了「現在就做」，那麼經過孩子自己切實的努力肯定會克服弱點取得學業成功的。

2. 在一定程度上放手，不過多干涉孩子的學習狀況。

不要過多地過問孩子的學習或複習情況，過多地督促其實就是給孩子增加心理負擔，同時還會給孩子增加焦慮和煩躁情緒，這個時候鼓勵或鞭策是沒有任何效果的。在生活上多給孩子一些溫馨的關照，同時在言語和行動上要相信孩子，讓其自主、獨立地學習。用語言和行為告訴孩子：做最好的自己。只要你盡到了自己最大的努力，不管結果如何，做父母的不僅不會責怪你，而且還會貼心貼肺的理解你。

3. 學會站在孩子的角度想問題，理解他們的思想。

也許在成人看來是個很愚蠢的錯誤，但在孩子的眼裡，可能是經過百般斟酌、冥思苦想得出的最優選擇。很多時候，你在滔滔不絕、口若懸河給對方提建議的時候，孩子只不過在感受你語言中的語氣。真正理解了孩子，在說話的時候才有可能讓對方感受到你的善心。這時候你說的話他才有可能有心思聽，否則，對方根本就不會聽你說。

4. 讓孩子能夠理解並接受自己的好意。

常有家長抱怨孩子不理解自己的心。這就是說家長沒有對孩子進行正向性的教育。正向的意思不是你覺得這是對對方好的，而是讓對方從心裡覺得這是對自己好的。很多家長內心有根深蒂固的偏見，總是以自己認為好的東西強加到孩子身上。他們有這樣的經典台詞：孩子要是……那才是好孩子。一個孩子怎麼可以……呢？

5. 永遠記得建議和命令的區別。

建議，顧名思義，就是孩子有不聽從的權利。很多家長明明是提建議，但總是說成命令的語氣。建議是跟孩子提了，如果孩子不聽，就著急。經典台詞是：我都很和氣地跟他說過了，他還是不聽，你說氣不氣？請問，這是不是說明你一開始就

認定孩子一定要聽你的？否則孩子不聽你怎麼會生氣著急呢？甚至會採取各種強硬措施來強制執行。這樣的建議，孩子一定不會聽。憑什麼你給了建議，人家就一定要聽？「建議」的意思是，如果對方覺得好，執行又不困難，對方想執行的話，就去執行。如果孩子覺得不好，或者執行有困難，就會不想執行，孩子是獨立的人，有自己選擇的權利，家長會不會尊重孩子，並不是單純技巧的問題。

6. 和孩子拉近距離，讓孩子意識到父母也是從孩子成長起來的。

在關係融洽、氣氛和諧的時候，多為孩子講一講自己在人生的挫折和艱難困苦面前，是怎樣面對困難和挫折的，又是怎樣戰勝困難、超越挫折的。因為孩子畢竟年齡還小，對於創傷和挫折很少經歷，甚至還沒有經歷過，這個時候父母就是他的鏡子和榜樣。你多向他談及這些，勢必會對他產生積極的影響。

7. 提建議時不要帶有不良的情緒。

如果提建議時，帶上了批評、指責、懷疑、挖苦、審視等情緒，就會大大降低孩子接受的可能。別以為孩子聽不出來。孩子表示默認的時候，你會說：「你看，你看，我好好給你建議，你卻不聽。那你要我怎麼做啊？」你要知道，這是強詞奪理。孩子早就發現你帶著情緒呢，你卻冠冕堂皇地說這是好心的建議。除了從你身上學會虛偽和狡辯，我想孩子很難學到別的積極的東西了。建議就是建議，最好別帶著情緒在裡面。作為成年人，你應該是自己情緒的主人，對於孩子的成長，你充其量只要負部分責任（因為除了你，還有老師、同學、社會生活在教育他，如果他成才了，你也只有部分功勞），但是對你自己的成長，你得負全部責任。

【名人談教育】

道德教育最簡單的要素是「愛」，是兒童對母親的愛，對人們積極的愛。這種兒童道德教育的基礎，應在家庭中奠定。兒童對母親的愛是從母親對嬰兒的熱愛及其滿足於身體生長需要的基礎上產生的。進一步鞏固和發展這一要素，則有待於學校

他不是你的棋子
從小做孩子的知心好友

教育。教師對兒童也應當具有父子般的愛，並把學校融化於大家庭之中。

——裴斯泰洛齊

讓孩子學會傾聽

很多孩子都有顯示自己聰明的習慣，長幼不分，說話沒大沒小，經常插話並打斷別人的陳述。只要我們留心觀察就會發現很多孩子在大人們談話時，能插話數十次，這個習慣確實不好。這首先表現出了對別人的不尊重，其次也影響了自己對訊息的接收。而且，家長被孩子打斷的思路，有時候很難再找回來。而孩子愛插話往往是為了表現自己或引起他人的注意。孩子一般表現為不去注意聽大人講的事，而是想方設法表現自己。

沈浩是一個心直口快的學生，在班會上以及和別人談話時，總是搶先發言。當別人說話時，他常常在中間打斷，迫不及待說出自己的想法。而且，他不是舉手打斷，而是直接坐在自己的位置上大聲發表言論。

他從來不認為這是一種很不妥當的做法。對自己常常打斷別人的講話這一行為並沒有絲毫悔意，反而覺得自己的話能給發言的同學啟發，自己的觀點都是正確的，而且一定要說出來。不管這時別的同學是否在陳述個人的觀點，都要為他「讓路」。

有必要改正孩子這種以自我為中心的習慣。針對孩子性子急、不知道尊重人這一習慣特點，家長應該讓孩子從學會傾聽別人的談話開始訓練。要告訴孩子：在談話時，別人想要表達什麼觀點，都要聽明白，注意去聽，一切疑惑都要等別人陳述完畢後再進行提問。

要讓孩子知道，學會傾聽別人講話，不隨意打斷別人講話，是一種有教養、有風度的表現。只顧自己滔滔不絕，無視他人的存在，是一種不禮貌的行為。要讓孩

子學會尊重他人，就要讓他在聽其他人講話時，盡量保持安靜。在別人陳述完畢後，再表達自己的看法。父母的榜樣有助於孩子養成良好的習慣。

1. 家長首先要學會認真「傾聽」孩子的話。

在孩子和你說話的時候，最好注視著他的眼睛。我們知道，聽人說話時看著對方的眼睛有助於集中注意力。當孩子說話時，父母要做一個好的傾聽對象，給孩子以正確的示範。不要一邊低頭忙於自己的事情，一邊對孩子說：「寶貝，你說吧，我聽著呢！」如果孩子有話要講，父母親專注傾聽的表情，會傳遞給孩子一種訊息，那就是，他表達的思想和意見很有趣，他的話很有價值，值得別人傾聽，同時也讓孩子感覺到自己的重要性。在充滿自尊自信的情境中，孩子容易學到如何去關注講話的人。

2. 不要打斷孩子的話，要聽孩子把話說完。

有的父母總是過於聰明，把孩子想說的話先說了，以示自己對孩子的理解。曾經見過一個孩子指著一輛汽車說：「媽媽，你看。」媽媽立即接過話說：「你說的是那輛汽車嗎？黃顏色的，真漂亮，對不對？」孩子「嗯」了一聲，再沒說話。這樣一來，讓孩子認為，媽媽能幫他說出自己的想法，媽媽說的話就是他想說的話。這既不利於孩子自信心的建立，也不利於良好的說話和聽話習慣的養成。

而更多的情況下家長說的只是自己的觀點，而不是孩子想說的話。即使是很小的孩子，也有自己的思想和觀點，父母只有仔細傾聽孩子的心聲，才可能進一步了解孩子，理解孩子。所以千萬不要急於打斷孩子，不要急於幫孩子去表達，哪怕你說的和孩子正想說的是一樣的，更何況，父母很少能正確說出孩子真正想說的話。

3. 在孩子有傾聽行為時予以鼓勵和肯定。

在孩子第一次學會傾聽時，我們就要表揚與讚賞。當孩子學會傾聽時，我們一個小小的誇獎，就是孩子繼續保持好習慣的動力。所以，請不要吝嗇對孩子的表

揚，時間長了，孩子就會養成尊重他人的好習慣。

有時候，聽孩子說話，確實需要付出很大的耐心。由於孩子語言表達能力有限，這就越需要聽話人的耐心。父母專注傾聽是對孩子的最大支持，因為，傾聽是一種從精神和感情上關愛孩子的重要方式，特別是在孩子情緒不好時，父母的耐心傾聽會給孩子很大的精神支持，以幫助孩子及時擺脫負面情緒，同時，也給孩子無形中樹立了一個最好的傾聽榜樣。

【名人談教育】

沒有一種禮貌會在外表上讓人一眼就看出教養的不足，正確的教育在於使外表上的彬彬有禮和人高尚的教養同時表現出來。

——歌德

鼓勵孩子交談時多提問

1. 要保護孩子渴望探求的心。

父母不要總是給孩子公認的真實，要讓孩子有自由思考的餘地。應該站在孩子的角度上理解孩子的問題。好問是孩子的天性，他們對周圍的事物有濃厚的興趣，會以興趣為基點，琢磨、研究，從而發現問題、學到知識，甚至會有所發明創造，因此，聰明的父母要學會保護孩子的質疑之心。

只有抱有好奇心，才能提出有創意的問題。孩子提問題，說明孩子對問題感興趣，父母珍視孩子的提問，是在保護孩子的求知欲，如果壓制孩子的好奇心，那麼，孩子的發問能力就不會得到發展。孩子有質疑之心，說明孩子是在真正地思考問題，這在學習中是必需的。孩子只有對知識和學問懷著懷疑的態度，才會獲得更加豐富的知識，增加自己的智慧，實現學習上的進步。因此，父母一定要保護孩子的質疑之心。

為了保護這種質疑的習慣，父母應站在孩子的角度思考和看待問題，學會換位思考。當發現孩子的質疑之心時，要學會理解和支持，更要不失時機地肯定和引導孩子。

2. 認真對待孩子提出的各種問題。

也許很多時候孩子的問題很奇怪，可是，只要孩子提出了自己的問題，就說明他們在學習的過程中已經動了腦筋，而且也反映出孩子對父母的信任。父母對待孩子提出的問題，要保持冷靜、客觀的態度，認真為孩子作答。另外，孩子向父母提問，是他們求知欲望的體現，也可以反映出孩子對知識的掌握程度，父母可以利用這個機會，發現孩子的長處和缺點，因勢利導，有的放矢地進行教育。

在解答孩子的問題時，對於難度適中的問題，父母應該詳細解答，直接告訴孩子答案，同時告訴孩子自己的解題思路。對於難度較高的問題，父母不必感到難堪，更不要用訓斥的方法來維護自己的權威，而要坦誠地告訴孩子自己不知道，並和孩子一起來討論，為孩子樹立起實事求是的榜樣，這樣還可以激發起孩子的求知欲望。

當卡爾·威特三四歲的時候，爸爸每天都要把他帶到郊外去，讓他接觸和觀察大自然的千變萬化。有時候，爸爸會捉一些昆蟲，然後用淺顯易懂的語言，教給他昆蟲方面的知識。遇到自己也不知道的問題，爸爸便會老實告訴孩子：「這個問題我也不知道，我們一起去找答案吧。」

無論孩子提出什麼樣的問題，父母都要耐心傾聽，力求做出正確的回答，並要考慮到孩子的年齡特點。此外，父母要歡迎孩子提問，充分調動孩子的積極性。

3. 要讓孩子勇於提問，善於提問。

父母首先要做到善於向孩子提問，經常和孩子談論一些他們感興趣的話題，從而引導孩子學會思考和提問。在提問孩子的過程中，內容要符合孩子的年齡和知識範圍，不能提得過難或過易，不然會挫傷孩子思考的積極性。孩子經常處於提問和

思考的環境之中，自然會慢慢學會提出自己的疑問，進而養成質疑的習慣。

父母要掌握和孩子說話的技巧，啟發、引導孩子的好奇心，比如不馬上為孩子提供答案，而是進一步提出疑問和懸念等方式，激起孩子更強的求知欲。

4. 鼓勵孩子自己找到問題的答案。

對於那些透過孩子自己獨立的思考能夠搞清楚的問題，父母要善於引導，注意拓展孩子的思維。如果孩子的問題是自己稍微動腦就可以解答的，父母就不要直接給孩子答案，而要鼓勵孩子自己去思考，否則孩子會養成什麼事情都依賴父母解答的壞習慣。

父母不妨讓孩子多接觸新鮮的事物，鼓勵他們發現問題，並自己去尋找答案，以滿足他們的好奇心和求知欲。孩子在自己答疑的過程中，也會逐漸掌握解決問題的方法。

5. 對孩子提出的有創造性的問題要表示誇獎。

賞識是一種鼓勵，讓孩子更加大膽地去質疑。父母千萬不要否定孩子的意見，要站在孩子的角度，從他們的年齡特點和思考方式出發，積極肯定他們的想法。

【名人談教育】

朋友是寶貴的，但敵人也可能是有用的；朋友會告訴我，我可以做什麼，敵人將教育我，我應當怎樣做。

——席勒

增加與孩子的心靈溝通

大多數家長都是非常忙的，每天要做的工作很多，此外還有很多需要勞心費神的事情，不知不覺中，與孩子交流的時間就少了。然而，安排出一個固定的時間與孩子交心，就像陽光對植物一樣重要。其實，讓孩子理解自己，不是要靠命令而是

感情。任何一個人都不會拒絕一個真心幫助自己的人，但肯定會拒絕一個想控制自己的人，親子交往亦如此。建議你們母子找一個恰當的時機進行有效溝通。孩子需要你從內心鼓勵他們。無論他們說了什麼、做了什麼，他們永遠都等待著你的發掘。以他們為榮，為他們指引人生路徑。你這麼做了之後，就會驚訝地發現他們的人生竟能如此精彩。

　　孩子不理解自己，不聽話的問題幾乎所有的家長都遇到過，「都是為了你好」是不少家長共同的行為和口頭禪。可是，卻越來越難以觸動孩子的心靈了。因為，上了國中的孩子，其自我意識已經萌發，他們開始用自己的經驗和心靈去體驗、評價身邊的人和事，開始形成自己的價值觀與人生觀，這種體驗與成人過去灌輸給他們的價值觀是有本質區別的。可是他們的經歷畢竟有限，經驗不足，這時他們需要成人給予他們真心的幫助。而家長根據自己的說話經驗教育孩子時，附加了許多的「控制」，限制了孩子所需要的心靈的自主與自由，於是，就產生了嚴重的「叛逆心理」，並以一些過激的言語與行為表現出來。原先固有的家庭教育模式，面臨著危機，於是母子雙方的隔膜不可避免地產生了。

　　要與孩子保持心靈的溝通，就要注意以下問題：

1. 聽孩子說話時要有耐心。

　　當孩子纏著你問這問那時不要覺得不厭煩。停下手邊正在做的事，看著孩子的雙眼，給他們百分之百的注意力。多傾聽表現出你對他們的重視與關心。就像與你的同事交流，給予孩子成人般的尊重。用不著很長的時間，只要幾分鐘他們就很滿足了。孩子需要知道自己所說的話很重要，這樣他們才能培養出健康的自信心。

2. 和孩子要有共同話題，對孩子關心的事感興趣。

　　有的家長一跟孩子說話就是你考了多少分，好像毫不關心其他問題。交談的內容不應當僅限於學習方面，而應當盡量寬泛，尤其是孩子感興趣的問題。比如，孩子的朋友、愛好甚至喜歡的遊戲，使孩子覺得自己受到母親的重視。被母親認可的

孩子，內心充滿了陽光。孩子的興趣不是你的興趣，你很容易就被自己憂慮的事霸占住了。然而，真心實意地認可孩子，就是要對孩子的朋友、遊戲、嗜好都感興趣。當你對孩子所做的事感興趣時，他們就會發光發亮。多了解他心裡想些什麼，而不僅是無微不至地照顧他的生活。相反，親情是一種互動，你應當也表現出需要孩子的關心和照顧，培養孩子對家庭和他人的責任感。

3. 花時間陪孩子，採取多種溝通方式。

孩子需要的是陪伴。陪伴孩子的時間永遠嫌不夠。似乎你越陪伴他們，他們需要的時間也越多。然而，這一切終究會改變。總有一天，他們不再要你陪伴了。最終，他們會忙到找不出時間陪你了。

一定要給孩子應有的支持。當孩子需要父母在身邊時，父母卻無法出現。這是孩子及父母都無法忘卻的傷痛。盡力而為，準備迎接孩子的大事：生日、畢業典禮、婚禮。告訴孩子，他們奮鬥成功時，你為他們高興；當他們心碎時，你陪伴他們；在他們掙扎的時刻，你提供你的支持。不要以為孩子沒有向你開口，就表示他們不需要你的愛。

【名人談教育】

初期教育應是一種娛樂，這樣才更容易發現一個人天生的愛好。

——柏拉圖

和孩子溝通時要懂得換位思考

孩子青春期的時候也是父母正值壯年，忙於自己事業的時候，難免對孩子疏於溝通，甚至以強硬的態度對待孩子，可是這樣只能讓孩子做出更讓家長頭疼的事來。一邊是年少不更事的叛逆，一邊是煩躁不安、怒氣沖沖。於是母與子之間總是衝突不斷：母親總覺得難以跟孩子溝通，話沒說兩句孩子就暴跳如雷；孩子更覺得

母親的話不中聽，整日嘮嘮叨叨不說，還總是以輕蔑或質疑的態度相向。

這樣的例子在生活中經常能夠看到，想要化解母子之間的衝突，使溝而不通的情況得以緩解，最重要的方法就是學會心理換位。當你對別人的言行產生不滿情緒的時候，不妨把自己想像成對方，站在對方的立場上想一想。如果是你，你會不會做出和他一樣的行為，說出和他一樣的話語，為對方的言行尋找出恰當的理由，從而充分理解對方，化解與對方的對立情緒，達到調節自己的不良情緒，理智地解決問題的良好效果。

孩子一天天長大，也越來越難管了。頂撞的次數越來越多，有時甚至有意跟我對著幹。讓她幫忙遞一下東西，她會說：「自己的事情自己做。」指出她的缺點和錯誤，她小嘴一扁：「我沒錯，你才有錯呢！」她還經常說一些毫無道理的話：「我就是聰明，聰明才做錯。」有客人來時，她也會「人來瘋」，實在令人生氣。有時候，一氣之下就使用武力讓她屈服。但我明白，這是一個很不可取的方法，女兒是口服心不服，就連認錯都是怒氣沖沖的。大嗓門只能暫時鎮住她，嗓門的高度終究是有限的，靠訓斥也只是讓她暫時屈服，終究有一天，她會長大，再說，也不能給孩子一種「誰的嗓門高，誰說了算」的錯覺。可女兒總這樣，如果對她放任不管，聽之任之，又怕她養成諸多不良惡習，最終走向歧途。唉，如今的家長真難做啊！

吃飯時，女兒又像往常那樣一邊吃一邊玩，吃幾口就到別的地方轉一圈，我不生氣，拉著女兒的手，把她牽回餐桌旁：「蘭天，如果你將來做了媽媽，你的孩子在吃飯時也像你那樣，你說好不好？你會怎麼做？」女兒一下愣了，繼而不好意思地笑了起來。這一招還真靈，雖然她仍會控制不住自己離開餐桌，但她馬上會意識到錯誤，還會說：「哎呀，又忘了。」而不是像以前那樣一味地堅持錯誤。

嘗到了甜頭，我不再對女兒呵斥，而是經常讓她換位思考。當她將好吃的菜都挪到自己的面前時，我就對她說：「如果我們也將好吃的菜放到自己面前，不給你吃，你會高興嗎？」每次進行換位思考，女兒都能意識到自己的錯誤，漸漸地，女

兒變了，也肯講道理了。有時，還真像個大人呢！我也正感覺到女兒在長大。

溝通不是簡單的談話。做父母的要充分尊重孩子，以平等的態度對待孩子，不僅要做父母，更要做孩子的朋友。遇到事情時，換位思考一下，如果自己是他會怎麼樣？如果自己的父母凡事都要命令你「聽我的」，你會怎麼樣？就這一問題，給家長們提出了一些建議：

1. 不要一味地批評指責。

孩子也有自己獨立的人格，也需要尊重。很多家長都放不下做家長的尊嚴，在孩子面前扮演一個權威的樣子，要求孩子服從自己，而這正是在這個時期的孩子最反感的。所以，在和孩子溝通的時候，給予孩子足夠的尊重和平等是很重要的。

2. 聽懂孩子的心聲。

在沒有聽懂孩子的心裡話之前，不要急於給出自己的意見，和孩子一起客觀地分析問題以後，再一起討論解決的方法。在潛移默化中把自己的觀點灌輸其中，使孩子能夠在不改變初衷的前提下接受家長的建議。請你永遠明白，很多時候不是孩子不會做、不想做，而是他們做不到。所以要耐心再耐心，給他們再多點鼓勵和嘗試的機會，永遠要相信一切只是時間問題！

3. 對孩子的成就要認可和肯定。

孩子在言行和思維上有了一定的進步，家長要及時給予適當的認可。每一個人都要面對成長，都要具備獨立生活的能力，那麼培養這些能力，付出成長的代價是誰都逃不過的。作為家長，在孩子的成長過程中，要做的是協助他而不是取代他。因此，給孩子獨立做事的機會，並且客觀地看待事情的結果，認可孩子獨立做事的願望，也是對孩子成長的一種幫助。

【名人談教育】

教育不是注滿一桶水，而且點燃一把火。

——葉慈

用故事訓練孩子的傾聽能力

不管孩子還是家長都要懂得傾聽。由於獨生子女在家庭中的特殊地位，孩子的表達能力增強了許多，可是有些習慣卻不好，如大人說話時常插嘴，不能認真仔細地聽等。要發展孩子的傾聽能力，必須培養孩子良好的傾聽禮貌和習慣，這是提高孩子聽懂語言的重要保證。應讓孩子懂得在聽故事、聽別人講話時，要尊重他人，可以自然地坐著或站著，眼睛看著說話的人，並且不隨便插嘴，安靜地聽他人把話說完。這是一種傾聽禮貌。

在古代，有個小國向中國進貢了三個一模一樣的金人，金碧輝煌，皇帝很高興。可是這小國不厚道，同時出一道題目：這三個金人哪個最有價值？皇帝想了許多的辦法，請來珠寶匠檢查，稱重量，看做工，都是一模一樣的。怎麼辦？使者還等著回去彙報呢。泱泱大國，不會連這件小事都弄不懂吧？

有一位老大臣終於想出了辦法。皇帝將使者請到大殿，老臣胸有成竹地拿著三根稻草，插入第一個金人的耳朵裡，這稻草從另一邊耳朵出來了。第二個金人的稻草從嘴巴裡直接掉出來，而第三個金人，稻草進去後掉進了肚子，什麼響動也沒有。老臣說：第三個金人最有價值！使者默默無語，答案正確。

這三個金人分別代表了什麼意思是顯而易見的。第三個金人因為善於傾聽別人的意見而價值最大。這個故事告訴我們：一個人學會傾聽是十分重要的。不重視、不善於傾聽就是不重視、不善於交流。交流的一半就是用心傾聽對方的談話。

傾聽不只意味著聽。傾聽既是一個聽的過程，也是一個學的過程。在傾聽的過

他不是你的棋子
從小做孩子的知心好友

程中，孩子可以從他人的言語中習到一些自己不知道的知識和他人為人處事的態度與原則。

韋恩是羅賓見到的最受歡迎的人士之一，他總能受到邀請。經常有人請他參加聚會、共進午餐、擔任基瓦尼斯國際或國際扶輪的客座發言人，打高爾夫球或網球。

一天晚上，羅賓碰巧到一個朋友家參加一次小型社交活動。他發現韋恩和一個漂亮女孩坐在一個角落裡。出於好奇，羅賓遠遠地注意了一段時間。羅賓發現那位年輕女士一直在說，而韋恩好像一句話也沒說。他只是有時笑一笑，點一點頭，僅此而已。幾小時後，他們起身，謝過男女主人，走了。第二天，羅賓見到韋恩時禁不住問道：

「昨天晚上我在斯旺森家看見你和那個最迷人的女孩在一起。她好像完全被你吸引住了。你怎麼抓住她的注意力的？」

「很簡單。」韋恩說，「斯旺森太太把喬安介紹給我，我只對她說：『你的皮膚晒得真漂亮，在冬季也這麼漂亮，是怎麼做的？你去哪呢？阿卡普科還是夏威夷？』」

「夏威夷。」她說，「夏威夷永遠都風景如畫。」

「你能把一切都告訴我嗎？」我說。

「當然。」她回答。我們就找了個安靜的角落，接下去的兩個小時她一直在談夏威夷。

「今天早晨喬安打電話給我，說她很喜歡我陪她。她說很想再見到我，因為我是最有意思的談伴。但說實話，我整個晚上沒說幾句話。」

看出韋恩受歡迎的祕訣了嗎？很簡單，韋恩只是讓喬安談自己。他對每個人都這樣——對他人說：「請告訴我這一切。」這足以讓一般人激動好幾個小時。人們喜歡韋恩就因為他注意傾聽他人的心聲。

有好的傾聽習慣是贏得良好關係的金鑰匙。孩子要與人融洽相處，流暢地交流，必須要先學會傾聽。培養孩子的傾聽能力，使孩子養成良好的傾聽習慣，會對

他們的人生產生不可估量的作用，對全面素養的提高起到巨大的推動作用。學會傾聽，也就學會了尊重別人，學會了真誠處事，學會了關心，也學會了理解和溝通。傾聽也是形成良好人際關係的關鍵。人有兩隻耳朵一張嘴，就是為了少說多聽。

傾聽不只要會聽，還要聽得懂。「學會傾聽」有兩層意思，一是要求聽別人講話要用心，要細心。「傾聽」，即是細心聽、用心聽的意思，這也是一種禮貌，表示對說話者的尊重；第二層意思是要「會聽」，要邊聽邊想，思考別人說的話的意思，能記住別人講話的要點。讓孩子們學會傾聽是培養一切良好習慣的基礎。無論是好的學習習慣抑或是行為習慣，都源於最初的傾聽。

【名人談教育】

上天賜人以兩耳兩目，但只有一張口，欲使其多聞多見而少言。

——蘇格拉底

他不是你的棋子
從小做孩子的知心好友

第 6 章 父母如何聽，孩子才會說

父母要蹲下來聽孩子說話

很多大人都習慣對孩子發號施令，把自己的思維和主觀願望強加到孩子身上，而很少考慮他們內心的想法。這是一種錯誤的方法，親子教育中，家長需要學習的東西很多，其中最重要的一點就是尊重孩子成長的軌跡，從人性需求的角度出發，給他一個很好的發展環境。

不少家長總覺得孩子是自己的私有物品，或者把孩子看成寵物，在教育孩子的時候，習慣於採取居高臨下的姿式：「我說你不對你就是不對！」「我叫你這樣做你就得這樣做！」如此這般缺乏平等氣氛，沒有商量餘地，即使說得全在理，也往往沒有好效果。家長對孩子有養育之恩，而且在處世經驗、人生閱歷、知識文化上處於優勢，屬於教育者的地位不言而喻。但是教育者和被教育者在人格上是平等的，並無尊卑、高下之分。

家長的威信不是靠強硬的手段得來的，家長採取平等商量的態度和孩子說話，有利於營造和諧寬鬆的家庭氛圍，既以理服人又以情感人，就比較容易為孩子所接受。這是因為孩子感受到自己的人格和尊嚴受到大人的尊重，在心理情感上不會產生排斥性，只要大人說得有道理他就愛聽。有的家長發現孩子的過失就怒火中燒，不由分說地訓斥，語氣過於嚴厲、言詞過於尖銳，一副以勢壓人的氣派。這就難免引起孩子反感，孩子或辯駁、或頂撞、或反擊，甚至弄得家長下不了台。

與孩子的視線保持平行，就是尊重孩子。可現在不少家長對孩子的物質要求關愛有加，而對孩子的人格尊嚴卻不以為意，無端干涉孩子的自由者有之，隨意扼殺

他不是你的棋子
從小做孩子的知心好友

貶斥孩子的個性愛好者有之，自以為是、強加於人、指手畫腳者有之，甚至侵犯人權、損害尊嚴、傷害人格者亦有之。家長與孩子的矛盾造成嚴重後果，最後訴諸法律的事件正日見其多，而大多數家庭，正是在不為人注意的情況下，付出損害孩子身心健康的沉重代價。

小魏的父母都是文化水準很高的人，因此對他的教育也格外得嚴。因為父母的專制，使家庭氣氛緊張，孩子怕動輒得咎，不得不處處謹小慎微，畏首畏尾，導致精神壓抑，想說的話不敢說，想做的事不敢做，結果自卑消極心理滋長，性格扭曲，智慧發展也受到影響。常常不愛說話，莫名其妙地發脾氣，父母也感到很奇怪。聽取了教育專家的話，跟孩子平等相處，漸漸地發現孩子變了，變得更有愛心，更理解家長了。

在教育的過程中，家長與孩子平等相處也是一種能力。家長與孩子能否以平等的地位和態度說話，既是教育平等、教育民主的要求，又是教育藝術、教育水準的衡量標誌，也是家長和教師文明素質的一種反映。假如你的孩子老喜歡跟你頂牛，你不妨換一種方式——蹲下來和孩子說話，試試效果如何？家長蹲下來同孩子在同一個高度上談話，同孩子臉對臉、目光對視著談話，體現了家長對孩子的尊重，體現了成人對小孩子的事情或問題認真又親切的態度。同時，家長可以輕聲細語地耐心說服教育，而不是自上而下的，更用不著大聲呵斥。

感受到平等有助於孩子的健康成長。採用這樣的教育方式，能促使孩子意識到自己同成年人是平等的、受到尊重的人，有利於從小培養孩子獨立自尊的人格；採用這樣的教育方式，能幫助孩子認真對待自己的問題或缺點；它也為孩子創造了樂於接受教育的良好心境，而不是使孩子聽而不聞或產生叛逆心理。這是一種很具體的教育方法，卻體現了如何看待子女同父母的關係的教育觀念，也從一個側面體現著教育孩子的能力和水準。

身高的距離拉開了，心的距離也就拉開了。如果家長總是站著面對孩子，家長

與孩子的距離，就不僅是身高上的幾十公分，而是一代人與一代人之間的距離，是一顆心與一顆心之間不能溝通的距離。蹲下來，傾聽，對孩子來說是一種極大的關心與理解，是孩子能夠接受的一種愛護；蹲下來，傾聽，孩子離我們的距離就會縮短；蹲下來，傾聽，是我們關心孩子內心世界的一種方式；蹲下來，傾聽，營造出來的是一種民主、和諧的相互尊重的成人與孩子的關係，再沒有比這更重要的事了。

【名人談教育】

只有受過教育的人才是自由的。

——愛比克泰德

別中途打斷孩子，讓孩子把話說完

家長總是抱怨孩子大了，什麼也不跟父母說，殊不知，孩子也有很多話想跟父母說，可是，每當他們想說話的時候，父母是怎麼反映的呢？不久前，一所社會諮詢機構對兩千名在校學生做了一次問卷調查，結果顯示，「住口」是孩子們最不願意聽到的父母說的話之一。這裡先來看一段資料：「父母讓我們住口，而他們卻整天喋喋不休。」「父母太小瞧我們了，一點也不給我們講話的機會。」「為什麼讓我們閉嘴？我們心裡有許多話要說給父母聽呀！」

孩子最討厭的事情之一就是父母永無止境的嘮叨。常常有這樣的情況：父母決定了一件事，孩子持有反對意見，剛說了一兩句，父母就聽不順耳了，喝令他「住口」。父母老是覺得孩子不懂事，輪不到他們說話。其實，孩子從他自己的角度看問題，往往有獨到的見解，哪怕孩子氣一點，也的確可以啟發父母，彌補父母的決定或認識的不足。

孩子犯了錯誤，父母卻總是憑著自己了解的情況對孩子的行為做出評價，而孩子又據理力爭地申辯。這時做父母的氣上加氣，心想：「你犯了錯還狡辯？」於是，

他不是你的棋子
從小做孩子的知心好友

對孩子一聲斷喝：「不用解釋了！」你能想像得到孩子這個時候有多委屈嗎？哪怕事後你為冤枉了孩子而向他道歉，但對他的傷害仍然已經造成。法庭審問犯罪嫌疑人還給其申訴的機會呢，怎麼做父母的就不能容忍孩子為自己的過失辯解？

趙先生整理房間的時候，無意中看到女兒寫的一篇日記，那裡面滿是委屈：「爸爸一本心愛的書不見了，他幾乎把整個家翻遍了，也沒找到。後來，他認定是我弄丟了，把我找來質問。我正要解釋，他不容分說地就大罵了我一頓……」看完那篇日記，我感到臉上火辣辣的：那本書是一年前借給了一個朋友，時間一長，我就忘了，以至於錯怪了女兒。女兒本是個愛看書的孩子，自從那次以後她再也不敢到我的書櫃裡找書看了。其實，如果我能聽女兒把話說完，就不至於發生這一切。

父母阻止孩子說話，往往是出於這樣幾種心理：

1. 說了父母不愛聽的話。孩子的話說到自己的痛處，讓自己覺得沒面子。所謂童言無忌，孩子總是想到什麼就說什麼，沒什麼忌諱。父母不妨抱著輕鬆的心態聽聽孩子怎麼說，或許自己也能受到啟發。

2. 父母要維持自己所謂的權威。總認為自己是對的。這樣的父母屬於頑固型，不聽解釋，不聽辯解，老認為孩子是在找藉口。長期如此，孩子就會慢慢習慣了沉默，哪怕是面對冤屈，也緘默不語。一個不會據理力爭的孩子，很難適應這個競爭激烈的社會。

3. 不認可孩子的智商。覺得小孩子不懂事，沒有耐心聽孩子說。其實，孩子的思維比大人簡單得多，往往能從複雜的事情中看到本質的東西。孩子也有話語權，他想說話的時候，父母應該給他機會表達。老是被「住口」二字打斷話頭的孩子，慢慢就變得沉默了，他也就懶得跟父母說話交流了。這是因為父母的「禁令」讓他覺得自己的意見根本不受重視，說了也是白說。而一旦出現這種情況，孩子的自我表達能力便會逐漸降低。這對於他的成長和人生都是非常不利的。

其實，孩子也有自己的道理，老是聽到「你不用解釋」的孩子，會漸漸習慣了放棄為自己辯解的權利，會背著很多的冤屈，一個人默默承受。而這樣的重負很可能讓他出現嚴重的心理問題。所以，你給孩子發表意見的機會，也就是在避免上面提到的種種不良後果。其實，聽孩子把話說完，又能浪費你多少時間？而你又多了一個了解孩子的機會。你可以根據孩子說的話進行有針對性的教育。他理解有偏差的地方，你可以糾正；他看法片面的時候，你予以補充。這樣，孩子的判斷能力和思維能力都能得到提高。

有的時候，孩子的話確實有不周到或者不正確的認識，這時家長可以及時給予引導。在家長的引導下，以正確的交流方式說話不僅增長孩子的見識，鍛煉智商，而且可以培養孩子與人交流的能力。除了在他想說話的時候，讓他盡情地說，還要在他沉默的時候鼓勵他說。因為有的孩子根本沒有為自己辯解的意識或者膽量。鼓勵孩子說出心裡的想法、不滿或者委屈，會讓他變得善於思考，也會使他的自主意識和表達能力得以增強。每個人都有自己的話語權，讓孩子把話說完，就是對孩子的人格的一種尊重。讓我們放平視線去看待孩子，用真誠寬厚的心去愛孩子，特別要時刻提醒自己：「讓孩子把話說完！」

【名人談教育】

教育的目的在於能讓青年人畢生進行自我教育。

——哈欽斯

要聽懂孩子的話外之意，弦外之音

我們的父母總是說：「你是我的孩子，你要聽我的」；而外國的小孩是怎麼說的呢？「我是你的孩子，所以你要理解我所說的話。請不要笑，這不是讓你笑的，而是讓你聽懂的，否則我不原諒你。」說這話的是一個法國小姑娘。

他不是你的棋子
從小做孩子的知心好友

俗話說「知己知彼百戰百勝」，如果要達到教育的效果，那麼首先要了解孩子心中所想，才能明白孩子的真實意圖。而許多父母老是在那裡自以為是地評價，孩子的話總是被打斷，使他根本無法完整地表達一件事。更何況，父母的評價總是站在一個成人的立場上，有些評價對他來說也許不太適合。

要給孩子說話的機會，作為一個稱職的父母應學會傾聽、樂於傾聽，善於傾聽孩子的弦外之音，才能把握孩子的喜怒哀樂，真正了解孩子在想些什麼，要求什麼，希望什麼；才能真正領會孩子的思想意圖，分享孩子的快樂，真誠地為孩子的進步而高興，為孩子的成功而喝彩；才能有效地用父母的體貼去化解孩子的煩惱，營造出充滿愛意的溫馨家庭環境；也才能贏得與孩子的真誠友誼。因此，作為父母千萬不能忽視傾聽孩子的弦外之音的作用。

天氣十分炎熱，剛下班的張媽媽渾身是汗地騎著腳踏車在人流車流中艱難地行進。女兒坐在她的車後，向她講著在班裡與同學鬧別扭的事，勞累疲憊、心裡正煩的她毫無反應地聽著。漸漸地，女兒的聲音弱了下來。突然，她小聲說：「媽媽，我差點忘了，老師說要買一盒橡皮擦。」張媽媽不耐煩地說：「剛才路過文具店為什麼不說！」誰知當她極不情願地帶著孩子返回文具店時，女兒竟然氣鼓鼓地自己跳下車，恨恨地說：「不買了，回家！」說完，頭也不回地徑直往家走。

一進家門，張媽媽就衝到女兒面前質問她為什麼這麼不聽話。女兒眼淚汪汪地望著她說：「媽媽，你知道嗎，小孩也很可憐！」張媽媽一下子愣住了，像遭到重重的一擊。女兒的小臉通紅，哽咽著：「媽媽，你們父母心煩的時候，可以對小孩發火；小孩心煩的時候，找誰發火呢？你知不知道，小孩有時也很難過……」孩子的話使張媽媽的內心長時間無法平靜下來。

每個家長一方面對孩子有那麼多的要求，一方面又不願跟孩子溝通怎樣去達到這些要求。望子成龍的殷切期望、缺乏兄弟姐妹的親情溝通、繁重的學習壓力……他們太需要心的交流和溝通。許多父母常常忽視了這一點，而只關注孩子的學習，

只看重每次考試的分數，卻不知道這樣做會不利於孩子心理的健康成長。所以，許多的孩子便變得不願和父母說話。在這種環境下成長起來的孩子，又怎麼會不和父母產生代溝，又怎麼會不心生隔膜呢？那麼，怎樣才能更好地傾聽孩子的弦外之音呢？下面介紹的幾種方法，不妨作為父母們的參考。

1. 傾聽和尊重孩子的感受。

父母應安靜、專心地傾聽，但不給予評判。父母不必接受孩子的所有行為表現，而只是接受他的感受。例如，他可以告訴父母他對小伙伴有多生氣，但父母不能允許他透過嘲弄或打人來表達他的怒氣。

2. 讓孩子感受到你的耐心和誠意。

父母的關注鼓勵著孩子向自己的父母表達想法和感受。父母應停下正在做的事情，轉向他，保持目光接觸，並仔細地聽。同時還要透過點頭或不時地「嗯……，是的……」等來顯示父母對他的注意。

3. 了解孩子的意圖後告訴孩子你的看法。

不時地總結、重述或復述孩子所講的關鍵內容，包括他的感受以及導致這種感受產生的情境原因。僅僅傾聽和理解是不夠的，父母還必須用語言對他所說、所想及所感的事情作出反應。但盡量不要逐字地重複孩子的話，應使用相似的語言來表達相同的意思。只有在幫助孩子了解其感受之後，父母才能給他提供忠告、建議或教他以不同的方式看待情境。如果父母先給予這些幫助，那將會妨礙孩子努力去表達和理解自己的感受。

【名人談教育】

榮譽感是一種優良的品質，因而只有那些稟性高尚積極向上或受過良好教育的人才具備。

——愛迪生

他不是你的棋子
從小做孩子的知心好友

認真對待孩子的意見

有很多孩子都有這樣的怨言：「每當我和爸爸的意見不一致時，他都以勢壓人，不讓我說話，有的批評根本不是那樣。」家長不允許孩子發表自己的意見，也不調查問題的來龍去脈，而是一味地大發脾氣，嚴格地說，這種做法是違背教育宗旨的。

從心理學的角度上講，父母和子女發生矛盾，是在所難免的。作為家長，應該讓孩子把意見陳述完，要耐心地傾聽，如果不等孩子講完話，家長就憑主觀臆斷下結論，必然會帶來一系列的消極後果，其中，孩子的叛逆心理將會表現得十分強烈。每個人都盼望別人尊重自己，孩子也不例外，父母只有尊重孩子，所說的話才會發生效應，何況在許多爭論中，孩子往往是站在真理一邊的。

孩子需要理解，由於身體、智力發育的不成熟，有許多不同於成人的特點。所以，比成人更需要理解。可有些家長忽視了孩子的這些特點，常常不自覺地用成人的行為標準要求孩子，其結果往往對孩子造成傷害。

家長在聽取孩子意見和孩子交流的時候，要在孩子能夠理解的基礎上。例如，我們常常可以看到，孩子把新玩具能拆開的地方都拆開，他想知道裡面的祕密，這正是好奇心所致。好奇心是孩子獲取知識的內在動力，家長對此應正確理解，不要簡單粗暴地制止孩子。再如，由於理解能力低，常常不能理解家長的教導。家長用反話說：「你就這樣做吧！」可孩子不理解大人語氣變化的涵義，誤以為是一種鼓勵。因此，家長對不同年齡段的孩子說話或教導時應考慮孩子的理解能力。沒有對孩子真正理解的愛是一種盲目的愛，只有理解孩子才能更好地愛護孩子、教育孩子。

孩子雖小，可他們內心世界比較複雜，又不善於表達，而且承受不了太大的壓力，家長要是不跟他們好好溝通的話，就不會知道他們內心在想什麼、喜歡什麼、反感什麼，這樣很可能在他們的內心造成一層陰影，產生許多想法，甚至有可能認為爸爸媽媽不喜歡他們了。

在一次家長會上，家長們紛紛交流讓孩子提意見的好處，小磊的爸爸說：我兒子很善於用諷刺的方法給我提意見。比如我經常關在房間裡擺弄電腦，一次兒子在門上貼了一首打油詩：「成天閉門搞電腦，知識沒見長多少……」不知道他哪來的鬼點子，我也不介意，這首打油詩在門上貼了一個多月，但我還是沒能採納他的意見。我有抽菸的毛病，他媽媽要我戒我就是戒不掉，那天兒子就對我說，現在為錢戒不掉，以後為命就戒掉了。這句話比他媽媽勸我管用多了。

馮詩瑞的爸爸說：孩子現在的水準可比我們以前高多了，我們以前哪會跟家人提出什麼意見。現在孩子跟我們提意見，對家長也是個督促，無論意見是否採納，最起碼做家長的可以知道孩子在想些什麼，如果提得有理，還可以自我改正。但我覺得一些近乎攀比、有關虛榮的意見，家長應該加以制止和引導。

在決定孩子的事情或者家裡的事情之前，一定要多聽聽孩子的意見，看他對做這件事情的態度，如果是小孩一點都不願意做，而且，做不做這件事對小孩的成長沒有什麼影響的話，就一定要順從一下孩子。如果這件事情是一定要做的，比方說，在學校的課堂學習或者作業，就不能讓他太任性了。現在，上才藝班是許多孩子最煩惱的事，讓小孩子玩都沒得玩，真是有點冤。我覺得，不能讓孩子上太多才藝班，如果他不喜歡，硬是逼著他去上才藝班，那就不叫才藝班了。要適當讓孩子放鬆一下，不能學完一樣又學一樣，換了誰都受不了。所以，孩子的事情還是應該由孩子自己做主，家長參謀參謀，指導指導就行了。

學習和考試是所有家長都比較關心的問題，每個家長都希望自己的孩子考一個好成績。但是家長一定要正確對待孩子的考試成績，就算孩子考試差了一點，也不要罵他，更不能打他，應該鼓勵他下次考好一點。當然，也不要太寵自己的孩子，要什麼給什麼，想做什麼就做什麼，這樣對孩子的成長就不好。

【名人談教育】

每個人在受教育的過程當中，都會有段時間確信：嫉妒是愚昧的，模仿只會毀

了自己；每個人的好與壞，都是自身的一部分；縱使宇宙間充滿了好東西，不努力你什麼也得不到；你內在的力量是獨一無二的，只有你知道能做什麼，但是除非你真的去做，否則連你也不知道自己真的能做。

—— 愛默生

孩子提問時家長應該怎麼做

愛提問題的孩子也都是愛思考的孩子。「疑問是知識的鑰匙」，只要大人經常鼓勵孩子提問，孩子就會養成思考的良好習慣。反之如果大人對孩子的提問感到厭煩或不予理會，久而久之，孩子的學習積極性就會受到挫傷，而懶於思考問題，並影響其智力的發展。如何面對孩子的提問呢？家長可從以下幾方面來試試：

1. 鼓勵和引導孩子的提問。

提問也是一種自學的方式，家長對此應採取支持和鼓勵的態度，充分利用孩子渴望求知的機會對他進行各種教育。切莫因為孩子荒謬、怪誕的行為而斥責孩子。鼓勵、肯定孩子的「為什麼」。不要認為孩子的提問啼笑皆非、荒謬、怪誕而不加理睬或一棍子打死。給孩子一份理解、一份鼓勵、一份解答，也許就會造就一個科學家。所以，我們要讓孩子從小就能夠享受到探索事物奧妙的樂趣。

2. 父母也不是萬能的，解絕不了的問題就和孩子一起探討。

家長就算是學富五車，也會有答不出孩子提問的時候。有的問題很難回答，或者家長自己也不明白，不能隨便搪塞過去或胡亂回答，更不能對孩子橫加斥責。可以告訴孩子，自己暫時回答不出來，等請教了別人或查找書籍、資料後再回答，讓孩子知道世界上有很多的奧祕和疑難，有的連父母也解絕不了，以此激發孩子對世界的探索欲望。

對於那些自己也不很明白的問題，家長沒有必要打腫臉充胖子，這樣不但不能

維持自己的威信，而且可能會給孩子錯誤的知識。對家長來說，這是一種很虛偽的表現。可以邀請孩子共同查找資料，共同找尋答案。切勿武斷地對孩子橫加批評，扼殺孩子的探索欲望。

甜甜是個很機靈的孩子，平時就愛動腦筋，一天，學校裡留的家庭作業是畫青蛙，甜甜畫著畫著，就想起一個問題：青蛙有沒有耳朵？於是，她就問爸爸。爸爸也不知道，就隨便說：可能有吧。就像這個例子，青蛙是有耳朵的，在頭的兩邊有兩個灰色的圓圈。只是沒有耳廓（就是耳朵外面的軟骨部分）。如果家長不懂裝懂，給孩子一個錯誤的答案，對孩子來說，將受害一生。孩子知道真相後，也會埋怨家長，家長的威信也會掃地。

3. 對一些怪問題的回答要乾脆、俐落，要講究方式。

有時孩子故意提一些怪問題，目的在於難住家長，然後和父母講講條件。對這種提問，家長要乾脆、俐落，不要讓孩子的小聰明得逞。還有一些問題的回答要講究方式，不要弄巧成拙。

4. 對於孩子自己能弄明白的問題，可以先啟發孩子自己想一想。

孩子提出的問題，有些是想到了就提出來問，並沒有經過自己的思考。對這些提問，哪怕家長已經知道了答案，也不必急著先告訴孩子，而應啟發孩子先思考。孩子經過自己動手做實驗得出了結論，會很有成就感。在給孩子解答問題的同時，就應該教給孩子認識世界的科學方法，使孩子學會獨立思考。

【名人談教育】

許多年輕人透過一個笨拙的——粗製濫造的謊言使自己受到了永久的傷害，這是不完善的教育所造成的輕率行為。有些權威人士主張年輕人根本不應說謊。當然，這話說得有點過頭；然而，儘管我不會走得那麼遠，我卻主張——而且我認為我是對的——年輕人必須克制自己，不去使用這項異乎尋常的技藝。

他不是你的棋子
從小做孩子的知心好友

——馬克·吐溫

注意孩子的體態語言

透過肢體語言，家長能更好地了解孩子的內心和需求，這些特有的身體語言，只有父母才會讀懂。

我相信許多母親和我的煩惱是一樣的。在孩子成長的過程中，會有許多大人所不能理解的事情，比如一些奇怪的動作。我問孩子為什麼會有這些動作，他也不說。我真怕他會有多動症的傾向。我希望自己的顧慮是多餘的。但他的小動作真的讓我不安，從這麼小我就不知道孩子在想什麼，天哪，我都不敢想像以後會怎樣！我該怎樣解決呢？身為家長我真不理解，以前那麼可愛的一個孩子為什麼會出現這種問題呢？難道這就是所謂的八〇或九〇後正常的成長行為嗎？

孩子的很多肢體語言只是他們在以另一種方式傾訴自己的需求，可父母往往看不懂。隨著孩子的成長，煩惱也會越多。而很多母親又是望子成龍或望女成鳳，只是一味地讓孩子學這學那，從來不問孩子的想法。隨著時間的變化，當孩子出現一些習慣性的肢體語言，母親們抱怨看不懂時，我們是否檢討過自己？很少有家長會認為自己有錯，只是想「這孩子怎麼性格這麼怪啊」，甚至打罵孩子。母親的嚴厲懲罰、過分干涉，往往只會讓孩子的心理問題加重。

這時每個母親要發揮自己的耐心。想想是不是讓孩子有一個屬於自己的空間，或是心平氣和地聽聽他們的心裡話。讓我們站在他們的立場，去仔細研究孩子的一些肢體語言，也許會有許多意想不到的收穫。

母親在教育孩子時不該是自上而下的，而是建立在平等的基礎上。媽媽在和孩子溝通時，應該注意到，如果孩子的有聲語言同身體語言不能緊密、和諧地結合，甚至出現背道而馳的狀況，那這表明，孩子沒有在認真聽家長講話，這樣的溝通也是不會成功的。

【名人談教育】

教養決定一切。桃子從前本是一種苦味的扁桃；捲心菜只是受大學教育的黃芽罷了。

——馬克吐溫

讀懂孩子的眼神

眼睛是心靈的窗戶。一個人的眼神能表達內心的想法。由於孩子對周圍世界認識的不足和表達能力的欠缺，眼神往往是他們表達心聲的重要手段。而作為家長如能讀懂孩子的眼神就會更好地了解他們的需要，與孩子之間建立更和諧親密的關係。

1. 求救的眼神說明需要父母及時的指導和幫助。

有的時候父母會感覺孩子「怯生生」的。當一個孩子來到一個陌生的環境，或者是一個內向、不善於表達的孩子遇到困難時，他的內心是恐懼的、無助的，它會怯懦地來到你跟前，不聲不響地用一種求救的眼神看著你，乞求你的幫助。這時你應用自己身體的接觸給孩子安全感，一面用盡量溫和、親切的語氣詢問孩子的情況，啟發孩子說出自己的困難和要求。當孩子無法用言語說清楚時，應學會觀察周圍的情境，並藉助其他線索了解孩子的需要，及時地給孩子表達的方法。

2. 游離的眼神說明孩子「另有隱情」。

家長跟孩子講話時，有的時候會發現他們東張西望，眼神游離不定。如果是孩子對所說的話題不感興趣，家長應及時調整談話內容，吸引孩子的注意；如果孩子有「隱私」，家長要以自己真誠而堅定的眼神回望孩子，讓孩子感覺到家長的信任，並以循循善誘的語言引導孩子說出自己的真實想法，讓孩子認識到自己的錯誤；由於家庭成員之間的矛盾引起內心的恐慌，家長要給予他們更多的關愛，引導孩子用恰當的方式排解內心的壓力，幫助孩子走出心理的陰影。

3. 發光的眼神說明希望得到鼓勵。

孩子閃亮的眼神無疑是父母最希望看到的。當孩子有了高興的事，或有了新的發現，我們常會看到孩子發亮的眼睛，我們要給予肯定與鼓勵，並與他一起分享快樂與喜悅。此時，家長應迎著孩子的眼光，送出微笑與讚許，並及時配以語言和動作的鼓勵。孩子會覺得家長就是他的朋友，他的自豪感會油然而生，會感到信心倍增，力量十足，探索的興趣更濃。

4. 期待的眼神說明希望得到肯定。

家長不要只關注那些奇怪的眼神，對孩子表現良好時呈現的眼神也要多加重視。當他們覺得自己有進步了，或者想表現得更出色些，他們不是用語言，而是用期待的眼光看著，以此來引起我們的注意，好像在說：「媽媽，我一定能做好！」「我這樣做行嗎？」「我現在表現很好吧！」如果能及時回應他們，他們臉上就會露出滿意的微笑。家長不能忽視孩子期待的眼光，也不要吝惜自己充滿關愛和鼓勵的目光，從孩子的眼神中找到孩子的需求，給他們恰到好處的指導。

【名人談教育】

理性和真理是人所共具的，屬於那先說出來的人並不多於那引用的人。也不是根據柏拉圖多於根據我自己，既然他和我一樣看見和了解它。蜜蜂到處掠取各種花朵，但後來釀成蜜糖，便完全是他們自己的了；已經不再是花了。同樣，人們屬於他自己的作品。他的教育、工作和研究沒有別的目的，只是要培養他的這種消化能力。

──蒙田

冷靜對待孩子的氣話

恐怕家長都對孩子說過氣話，而且也聽過孩子說氣話。所謂氣話，就是指人們

在學習、工作、生活中，因刺激物的作用而突然爆發的強烈的短暫的激情。說氣話一般有四種情況，一種是委屈，覺得對方不理解自己或冤枉了自己；第二種是自己的想法、行為受到別人的阻礙而不能實現；第三種是看到對方損害了他人或集體的利益；第四種是個人利益受到損害，只顧自己不顧別人。

說氣話是由於激動的情緒所致，此刻認識事物的範圍就會大大縮小，而僅僅侷限在引起激情的那件事上，並且，思維、分析和判斷的能力受到情緒的抑制和破壞，造成思維不連貫，分析不全面，判斷不準確。不能控制自己的言行，不顧及對方能否接受、別人怎麼看，也不顧及由此造成的後果，只圖一時痛快。甚至為了氣人，有時還會故意改變自己原來所持的觀點。當家長遇到孩子說氣話時應該怎麼對待呢？

1. 不要和孩子計較，要保持冷靜。

對孩子發火或者針鋒相對也無濟於事。馬上在心裡對自己說：「我一定要冷靜！」「我一定不發脾氣！」這在心理學上叫自我暗示，它既能增加大腦中理智思維的強度，也能疏散氣話刺激引起的狹窄興奮，使脾氣被壓制下來。

2. 暫時轉移視線，冷處理。

就是把氣話引起的憤怒情緒轉移，迅速離開現場，或者去幹別的事情，或者在外面散步寬心，或者找別人說會兒話，使發生衝突的條件不復存在。

3. 對說氣話的孩子要採取寬容、諒解的態度。

孩子說氣話通常都是遇到了他們解絕不了的問題，或者需求沒有得到滿足，覺得和家長無法溝通。只要家長不和孩子一般見識，能夠在恰當的時候和孩子溝通，並且教導孩子這樣惡劣的情緒會傷害他人。一般冷靜下來的孩子都會感到後悔，並且克制自己發脾氣、說氣話的壞習慣。

總之，說氣話的習慣是應該杜絕的。說氣話是個很壞的毛病，自己一時痛快

他不是你的棋子
從小做孩子的知心好友

了，卻把痛苦強加給別人，既傷感情，又不利團結，我們當然要反對說氣話。但
是，如果孩子一旦衝你說了氣話，你要做孩子的榜樣，以正確的方式和心態對待，
形成良好的溝通模式，不給孩子說氣話的機會。

【名人談教育】

道德教育成功的「祕訣」在於，當一個人還在少年時代，就應該在宏偉的社會
生活背景上給他展示整個世界、個人生活的前景。

——蘇霍姆林斯基

了解孩子的「另類語言」

很多家長總是搞不清楚現在的小孩是怎麼想的，滿口的火星文，不只在網路
上，現實中也常常充滿了「哇！帥呆了、酷斃了」……如今，在大人們看來很奇怪的
語言卻在孩子們口中和學生讀物中甚為流行，許多學生爭相模仿，甚至有的學生把
這些話語寫進了作文裡。傳統標準語言與孩子們口中這種「另類語言」也發生著衝
突。

同學之間互送賀卡本是平常之事，可是今年春節前，馮先生隨手翻看女兒收到
的賀卡時讓他感到「大開眼界」，只見賀卡上寫著這樣幾句話：「你是我『糞量』最
重的朋友，願你在新的一年裡得上『艾滋病』，越長越精彩！」馮先生覺得很奇怪，
沒想到女兒給他解釋說，「糞量」就是「分量」，「艾滋病」指的是「愛知病」，是指
熱愛知識的意思。馮先生總覺得怪怪的，也不知道如何理解「長得精彩」一說。女
兒說，班上很多同學都這樣說。

在「另類語言」與傳統語言的衝突中，家長應該抱著什麼樣的態度呢？

1. 取其精華，去其糟粕。

年輕人有年輕人的世界，這些新的、另類的語言有的相較於傳統語言看起來更

具活力、更具衝擊力，在某一方面表達的意思要比傳統語言更為清晰、更為直接，但有的衍生出來的現代語言所表達的意思往往有一些不健康因素，這是教育工作者應該注意的，應該對這些語言進行一個有效的篩選，揚長避短，而不能一味地去接受或者抵制。

2. 以寬容之心對待新奇事物。

家長不要用自己的觀念去強加於這個時代的孩子。作為家長千萬不要對孩子口中的這種「另類語言」感到大驚小怪，或粗暴地訓斥孩子，而應該正確理解並寬容對待。比如許多學生經常所說的「哇賽！」「你帥呆了、酷斃了！」這樣的詞語，學生無非是想表達一種驚訝、讚嘆之類的感嘆之意，只不過與傳統的表達方式比較而言，他們的說法更為誇張而已。如果老師或家長對其大加訓斥或堅決制止，孩子們反而會覺得大人們太「老朽」，就會在無形中和大人產生一種距離感，家長或老師也同樣很難融入到孩子的圈子，更談不上和他們促膝談心了。

3. 要以引導而不是完全否定的態度對待。

雖然「另類語言」中包含了孩子們的創造力和活力，不過也並不是說所有「另類語言」都是對的，有的「另類語言」明顯很粗俗，甚至有的格調相當低，家長就要看具體情況分析了，在學習和正規的場合中，要使用規範化的語言，正確表達自己要說的意思。在一些娛樂場所，適宜地運用「另類語言」。

【名人談教育】

教育技巧的全部訣竅就在於抓住兒童的這種上進心，這種道德上的自勉。要是兒童自己不求上進，不知自勉，任何教育者就都不能在他的身上培養出好的品質。可是只有在集體和教師首先看到兒童優點的那些地方，兒童才會產生上進心。

——蘇霍姆林斯基

和孩子一起玩角色扮演的遊戲

在教育孩子的過程中，家長有兩件很重要的事情要做，第一是培養良好的生活習慣，第二就是跟孩子玩親子遊戲。這不但能培養孩子各方面的能力，還能增進父母和孩子之間的感情。現在很多人都開始重視親子遊戲，這是非常好的現象，但社會上對親子遊戲的認識也存在誤區。從廣義上講，家長和孩子之間相互配合交流的活動都可以看作是親子遊戲，而科學的親子遊戲應該具備以下特點：

1. 能發揮開發孩子智慧的作用。這就要求遊戲活動既能夠利用和發揮孩子現有的能力，又能夠引導和發展他們新的能力。

2. 在玩遊戲的過程中家長和孩子是平等的。做親子遊戲不是上課，家長不能高高在上指手劃腳，而應當是遊戲的參與者，並且跟孩子處於平等的地位。

3. 和競技類的遊戲相比，遊戲的形式應該注重相互配合，家長能自然而然地引發孩子智慧的發展。設計的遊戲應讓孩子主動尋求家長的配合，這樣家長就能順理成章地教給孩子一些知識和技巧。

4. 不要為了遊戲而遊戲。遊戲的整個過程要能夠給孩子和家長雙方都帶來樂趣。要讓孩子在遊戲中體會到創造和成功的快樂，家長則能夠體會到親子交流的幸福。

最近，張女士家中出現了關於育兒的意見分歧。原因是在與孩子進行比賽類遊戲時，父母究竟該不該故意讓孩子贏。媽媽覺得孩子還小，玩遊戲只是為了讓他開心，所以故意輸掉比賽並沒有什麼大礙。而爸爸則堅持認為那是一種對孩子的過度保護，是不可取的。只有明白了勝負的代價，他在日後的成長中才可做到能屈能伸，寵辱不驚。

那麼，究竟哪一方的觀點更有道理呢？一起來聽聽專家的說法吧。

不要為了讓孩子獲勝而改變遊戲規則。因為即使是小孩子也能夠分辨得出自己

在哪些本不該贏的活動中贏了。如果故意改變遊戲規則讓孩子贏，會讓他覺得贏要比公平競賽更好、更重要，而這恰恰是你所不希望教給他的。

這並不是說家長要把自己的智商和體力完全用在和孩子的遊戲中。在和孩子一起下棋、玩牌時，家長可以放低自己的水準（和孩子處於同一個等級），讓孩子多贏幾次。並且在遊戲後告訴他贏的原因是什麼、那些幫助他獲勝的技巧該如何更好地運用等。而對孩子來說，在下棋、玩牌中贏了會增加他的興趣和自信心。當然，隨著孩子下棋、玩牌技能的不斷提高，家長也應逐步加大孩子獲勝的難度，不要總讓孩子勝。在孩子輸棋時，你可以教給他失敗時應有的氣度，從而培養孩子良好的性格品質。需要再次強調的是，這一切都應該建立在不改變遊戲規則的基礎上。

【名人談教育】

我並無過人的特長，只是忠誠老實，不自欺欺人，想做一個「以身作則」來教育人的平常人。

——吳玉章

當孩子插嘴時要用提醒的方式

愛說話幾乎是每個孩子的天性，但很多父母常用「小孩子不要插嘴」「打斷別人的話很沒禮貌」「你懂什麼」之類的話制止孩子參與大人的討論，這不是解決問題的好方法。

愛插嘴的孩子往往思維活躍，表現欲強，想要和大人一起分享自己的經驗、知識以及對某個問題的見解。當然，有部分孩子或許只不過想引起家長的注意，或是盡快滿足自己的需要。他們並沒有想到會因此而影響別人。但家長經常粗暴地打斷孩子的話，會使孩子逐漸失去說話的興趣，不敢與人交談。我想，任何家長都不希望自己的孩子一見到外人就面紅耳赤，說話吞吞吐吐，那麼我們就應該一方面積極

他不是你的棋子
從小做孩子的知心好友

鼓勵孩子在人多的地方大膽表達自己的想法，另一方面要對孩子亂插嘴的習慣進行教育和提醒，讓孩子感受到被打斷、不能暢所欲言是一件很不舒服的事。千萬別讓本來愛說的孩子因為你的訓斥而變得內向、靦腆，這不利於孩子的發展。

相信幾乎所有的家長都遇到過和君君家一樣的情景。君君媽是個很好客的人，家中時常來客人。所以君君自小就養成了越是有客人在的時候越喜歡調皮搗蛋的習慣，不停地纏著客人陪他玩。更令人頭疼的是，在大人和客人談論正事的時候，君君也時常跑過來打斷交談，比如非要媽媽現在就看他剛剛完成的「畫作」。有的時候，君君聽到大人談話的內容是他熟悉的，還會插上一嘴，表達自己的看法。完全不理會別人是不是接受這樣的方式。

為什麼他不知道打斷別人說話是很不禮貌的？雖然成年人覺得判斷什麼時候可以插話不費吹灰之力，但這確實需要相當高水準的判斷思維。顯然，這些技能需要時間去發育完善，所以別指望出現奇蹟。那麼孩子插嘴時，你該怎麼辦？

1. 給孩子樹立良好的榜樣。

小孩子的模仿力都很強，你可以利用這一點，給孩子樹立一個好榜樣。如果父母都愛互相打斷對方，那就要努力改變這種習慣。你還應該在孩子和你說話時，盡量不打斷他。如果你不小心打斷了他或別人，要馬上說：「對不起，我打斷你了，你接著說。」有可能，孩子不僅能學會你的禮貌，還能學到你大度承認錯誤時輕鬆自然的態度。如果他經常聽到你說「對不起！」、「請！」、「謝謝！」、「沒關係！」、「請原諒！」，那他對禮貌的認識和學習就會更快。

2. 要教會孩子禮貌的做法。

看開一點，多半要再過幾年，你的孩子才能在打斷別人前，有禮貌地說一句：「請原諒！我有個問題。」即便如此，你也要提醒自己，他已經在漸漸明白插嘴是不禮貌的，如果真的需要打斷別人，要使用禮貌的方式。要是他多數情況或有些時能做到，你就應該大大地誇獎他。

【名人談教育】

做老師的只要有一次向學生撒謊被揭穿，就可能使他的全部教育成果從此為之毀滅。

——盧梭

當孩子受了委屈時要用疏導的方式

隨著長大，孩子會發現世界不像他想像的那麼美好。學校是一個小社會，那麼多孩子在一起難免會發生一些摩擦。而且，由於每個孩子都來自不同的家庭，有不同的性格和想法，孩子們在處理同學之間的關係時，必然會出現不同的意見和行為，使某些同學占了便宜，某些同學受了委屈。這都是非常正常的，關鍵是父母怎樣幫助孩子，對孩子進行正確的心理疏導，才不至於影響孩子今後的學習生活。

上國一的小美從小活潑開朗，心地善良。上小學時，她基本上沒讓父母太操心。但自從上了國中之後，好像心事多了，情緒也變得複雜了。有一天小美放學後一直不高興，還十分反常地跟媽媽發脾氣。後來，媽媽才弄明白，原來白天在學校做作業，小美拿橡皮擦時碰到了正在寫字的同學，雖然她連忙說「對不起」，可那位男同學還是一拳打了過來。當時老師沒有看見這一幕，小美覺得這種事情不應該和老師報告，但是又覺得自己很委屈，於是只好在家裡來發洩了。

如果孩子長時間受委屈卻無處傾訴，無力解決，會對孩子的心靈造成創傷，所以家長要及時解決。孩子受了委屈以後必然很難過、很傷心，父母要對孩子及時進行心理疏導，幫助孩子分清是非對錯。

1. 讓孩子說出心裡話，搞清楚事情的真相，對孩子的正確行為予以肯定。

比如上面的例子中，父母可以對小美說：「你是對的，那位同學是錯的。在處理這件事情時，你十分理智，有你這樣的孩子，爸爸媽媽感到很自豪。」父母的肯定

他不是你的棋子
從小做孩子的知心好友

往往可以消除孩子的委屈情緒，然後，父母可以給孩子分析這樣做有哪些好處，讓孩子從父母的講解中，認識到自己的能力，從而產生自豪感。這種自豪感能讓孩子從委屈的情緒中走出來，增強孩子的信心。當然，對於孩子受到其他同學的欺負，父母可以教育孩子理智地和老師講，讓老師來處理這種事情，而不是逆來順受、委曲求全。

2. 可以給孩子講解一些人際關係，讓孩子明白在人與人相處的過程中，產生摩擦是必然的，受點委屈也是正常的。

千萬不要以粗暴的方式批評指責孩子，要耐心引導。比如，父母可以給孩子講一些自己小時候或者自己在工作中發生的類似事件，這樣，孩子的注意力就會從自己的事情中掙脫出來，轉而集中在其他事情上。當然，在與孩子交談的過程中，父母要注意自己的態度，不要居高臨下，要像朋友一樣，並且信任孩子對這件事情會有一個正確的認識，能夠自己處理好。

3. 在家長的關注下，培養孩子堅強的性格，既不任由孩子委屈而不管，也不能所有事都包辦，要培養孩子獨立面對的能力。

不能否認的是，現在有許多孩子在家倍受父母的寵愛，性格暴躁，自私自利，在與同伴的交往中稍有不如意，便拳腳相加。受委屈的孩子一般受到父母過分的呵護，失去了自我保護的能力，在面對粗暴行為時往往不知所措，只會獨自忍受，或者向父母、老師哭訴。要想讓孩子能夠勇敢地面對此類事，作為父母應當培養孩子堅強的性格，教孩子處理好與同學之間的糾紛。

【名人談教育】

我確實相信：在我們的教育中，往往只是為實用和實際的目的，過分強調單純智育的態度，已經直接導致對倫理教育的損害。

——愛因斯坦

當孩子哭泣時要施以同情

有的家長認為孩子還小，哭一哭沒什麼，可有的家長認為哭是一種不好的情緒，無論是自己還是孩子，最好都不和「哭」打交道。而大部分的家長也都不鼓勵家人盡情表達自己的感情。究竟應該如何看待和處理孩子的「哭」呢？

陳先生的女兒冉冉今年十二歲，快上國中了。然而冉冉卻對於升學感到很恐懼。「爸爸說，上了國中，我就是大孩子了，不能像小學時一樣想哭就哭了。」而陳先生說，自己的這種教育方式的確是用心良苦。「以後社會的競爭這麼激烈，即便是女孩子也要學會面對各種事情而不退縮。哭是一種無能的表現，我希望冉冉從小就學會堅強。」

其實，不能完全說哭就是軟弱的表現，也不要對孩子的哭泣不問原因橫加制止。家長在面對孩子哭泣時要注意以下三點：

1. 讓孩子學會表達自己的情緒。

孩子哭的時候，家長最忌諱的就是叫孩子「立刻停止」、「憋回去」，或者以威嚇的方式強迫、限制孩子不准再哭鬧。接納孩子的情緒，包括哭在內，才能夠讓孩子接受自己，擁有健康的內心世界。「哭」是孩子最原始的表達情感的方式。家長應該冷靜地面對孩子的情緒反應，尊重孩子表達情緒的權利，探尋孩子情緒背後所要表達的訊息，然後再引導孩子學習處理情緒的方法，將有助於幫助孩子成長。

2. 弄清孩子哭的表面原因和內在原因。

有時孩子哭鬧，或者做一些出格的事是想引起家長的注意，是因為疏遠的親子關係造成的。如今許多家長因為忙於自己的工作無暇照顧孩子，只好把孩子托付給他人看管，結果孩子因為長期得不到父母的愛，只能透過哭鬧來宣洩自己，引起父母對自己的關注。如果家長只是在孩子鬧的時候才注意到他，孩子很快就會變得更愛哭鬧。

3. 以詢問表示關心，在解決問題時盡量不要代勞。

表達關心和愛並不意味著把孩子完全包裹起來。當孩子面臨挫折的時候能成為孩子的「軍師」當然並不壞，因為這至少意味著孩子願意向家長吐露心聲，親子關係是健康、信任的。不過，家長不應幫孩子「大包大攬」地解決心理問題。這種方式可能讓孩子變得容易依賴。孩子原本可以在悲傷和抑鬱的挫折中得到更多。家長在處理孩子負面情緒的時候，應多採用詢問的方式，引導孩子自己找到解決問題的方法，少主觀地幫孩子作判斷、下結論。這樣不但家長自己累，孩子也得不到成長，以後面對下一個問題時還是不知所措。家長應該利用這個機會讓孩子逐漸自己走向成熟。

【名人談教育】

教育者應當深刻了解正在成長的人的心靈⋯⋯只有在自己整個教育生涯中不斷地研究學生的心理，加深自己的心理學知識，才能夠成為教育工作的真正的能手。

——蘇霍姆林斯基

當孩子煩惱時要為之排解

生活中的煩惱是每一個人都會遇到的，孩子當然有自己的煩惱，面對孩子的這些情緒，父母學會引導孩子，以正確的方式排解。不少孩子很容易產生鬱悶、抑鬱傾向。許多是孩子內心的壓力直接導致，而這壓力的源泉往往來自父母。因此，為了幫孩子找回心理上的快樂，孩子要減負，家長要加負。孩子減負，關鍵在於減輕其心理負擔；家長加負，關鍵在於加強對孩子心理健康的重視。

1. 夫妻關係要和諧。

家庭不和睦，會嚴重影響孩子的快樂天性。在現實中，越來越多的孩子生活在問題家庭和單親家庭中，其中，不少孩子因此產生喪失愛、被遺棄、不安全的感

覺，就很容易患上抑鬱症等心理障礙。夫妻間的裂痕不能影響父母對孩子的愛。父母不應該自私地考慮自己的得失，而應採取克制、理智、心平氣和的態度告訴孩子，即使父母今後不在一起了，父母雙方仍然關心他、愛他。哪怕將來出現了繼父或者繼母，父母仍會愛他，讓孩子逐漸接受這一事實，完成心理上的跨越。如果處理好了，單親家庭對孩子只能算多了一次特殊的經歷，心理上的負面影響不會太大。

2. 不要給孩子貼標籤。

早戀是該制止的，但也不要無端把純潔的友情當成愛情，這會傷了孩子。有些家長把早戀視為洪水猛獸，戴著有色眼鏡對孩子正當的交往嚴加干涉，在同齡人面前傷害孩子的自尊心，造成孩子厭學、厭世，出現抑鬱傾向。

3. 教育孩子懂得用健康積極的心態面對生活。

很多孩子面對困難時總是情緒低落，喜歡逃避，要重在消解「心理陰影」，讓孩子懂得付出與分享。少年初識愁滋味，解愁還要靠「情商」。被公認為陽光少年的李宏說起了剛進國中的第一次考試：「考前我做了很多努力，但還是沒考好，傷心了好一陣子。」不過當李宏看到考得好的同學在總結大會上上台領獎時，就暗下決心：「為什麼他們行，我就不行，我一定要站到領獎台上。」

良好的性格可以帶來快樂的一生，父母也要從小進行快樂教育。

(1) 在一定範圍內讓孩子自己給自己做主。有自己的意志是形成快樂性格的一個重要因素。當然，父母在大多數事情上不能不做主，但有些事讓孩子做決定也無妨。

(2) 有良好的人際關係。與人關係融洽是快樂的一個重要條件。父母可以盡量安排孩子常與別的孩子一起玩。

(3) 不能太溺愛。給孩子太多會令他們誤以為追求物質就是快樂之源。

(4) 培養廣泛的興趣。快樂的人過的生活很平衡，因此他們可從多方面得到快樂。

(5) 教會孩子堅強、寬容、忍讓。做父母的要指出任何困難情況都會有一線轉機，倘若經過努力也沒能扭轉情況，父母便應幫助孩子尋求安慰自己的辦法。教導孩子做些平復他們心情的活動。

(6) 創造快樂幸福的家庭氛圍。幫助孩子尋找持久快樂的最佳方法之一就是父母自己生活得快樂，而且要向孩子解釋為什麼他們感到快樂。

【名人談教育】

道德教育的核心問題，是使每個人確立崇高的生活目的。……人每日好似向著未來闊步前進，時時刻刻想著未來，關注著未來。由理解社會理想到形成個人崇高的生活目的，這是教育，首先是情感教育的一條漫長的道路。

——蘇霍姆林斯基

當孩子恐懼時要給予鼓勵

琴琴是個很乖巧的孩子，就是膽子比較小。打雷了害怕，天黑了害怕，老師比較兇害怕，和小朋友之間有了不愉快也害怕。有一次父母帶他到遊樂園去玩，看到別的小朋友玩摩天輪，玩秋千，她也羨慕，可是又不敢自己去玩。見了陌生的人就喜歡躲到父母身後去。

恐懼是人類與生俱來的習性。雖然男孩兒和女孩兒的性格有很大不同，男孩兒更勇敢些，不過他們畢竟還是孩子，當他們面對恐懼時，家長如何排除孩子的恐懼心理呢？

1. 不要操之過急，要循序漸進。

不要強迫孩子去面對本來恐懼的事物。想要孩子從什麼都怕變成什麼都不怕是需要一定時間的。任何人到了一個陌生的環境都要有一個適應的階段，更何況十幾歲的孩子。他們社會經驗幾乎為零，認識事物的能力差，適應能力也很差。要他們

很好地適應新環境，是需要一個過程的。家長讓孩子較快適應新環境的初衷是好的，但不能操之過急。應該採取得當的方法，如讓孩子多看看新的環境，引起孩子對新環境的好奇心和興趣。

2. 轉移孩子的注意力。

科學研究證實，人的精神在過度緊張和十分恐懼的時候，如果轉移了他的注意力，就會使恐懼心理消失。例如，在打針時，孩子特別害怕，哇哇大哭，就可以使用注意力轉移法，讓孩子看看窗外的鮮花，路上疾馳的汽車等，注意力轉移到其他感興趣的事物上後，恐懼也會隨之減弱。

3. 給予適當的安慰。

輕聲安慰的作用遠大於厲聲呵斥。安慰對一個幼小的心靈來說是十分必要的，尤其是在孩子很恐懼的時候。當孩子在打針哭鬧時，可以對孩子說，聽話，別害怕，打完後咱們去遊樂園。無論是精神上的還是物質上的安慰都會對孩子起到一定作用。

4. 注意從生活中的小事鍛煉孩子的膽量。

在保健所裡，有的孩子大哭，有的孩子不但不哭，而且還說不疼，原來孩子平時總和家長一起玩打針的遊戲。家長打完針說不疼，在幫孩子打針後，孩子也說不疼。經常玩這個遊戲，孩子對打針已經有了足夠的心理準備，到實際打針時也就不害怕了。

5. 不要讓迷信思想影響孩子。

有的孩子不是害怕具體的事，而是害怕童話中的妖魔鬼怪到自己家裡來，所以家長在給孩子講故事時應盡量避免提到鬼神，減少孩子的恐懼心理。另外也可以用事實來證明世界上的鬼怪根本就不存在，可以拉著孩子的手把房間的每一個角落都檢查一遍等。

他不是你的棋子
從小做孩子的知心好友

人的心態是由外界的影響而形成的，這種影響從本質上說就是教育。家長是最早給孩子創造外界環境影響的人，所以家長用以上正確的教育方法就會給孩子一個健康的心理。

【名人談教育】

培養教育人和種花木一樣，首先要認識花木的特點，區別不同情況施肥、澆水和培養教育，這叫「因材施教」。

——陶行知

當孩子發脾氣時要先理解後教育

調查顯示，兩歲的孩子就會發脾氣了。到了青少年，發脾氣是比較普遍的現象。即使是最溫順的孩子有時也會發脾氣，但是孩子經常發脾氣，則不利於培養良好穩定的情緒，不利於健康性格的形成。那麼，孩子愛發脾氣該怎麼辦呢？

1. 不能讓孩子養成發脾氣要挾家長的習慣。

不要小看孩子的智商，孩子往往用發脾氣來要挾父母，以達到他們的目的。如果父母讓步的話，在孩子面前表現得低三下四、畏首畏尾，或者是出於憐憫、同情、嬌慣而屈從，最後以無條件地滿足相妥協，這實際上是縱容，強化了孩子發脾氣的不良行為。長此以往，孩子的脾氣就有可能越來越壞，人也會變得越來越粗暴、任性。

2. 在小事上不要理會孩子，轉移孩子的注意力。

在孩子還沒來得及發脾氣之前，父母迅速地把他的注意力轉移開去是很有好處的。但父母的這種努力必須及早地進行才會有效。比如說，母親和孩子一起上街買玩具，孩子因母親沒給他買他想要的玩具而不說話，母親馬上說：「我們就要過馬路了，現在看看兩頭有無車來。看那個騎車的男孩，看見沒有？看他穿的衣服多好

看，待他過去，我們就過街。聽那卡車的噪音，真要震耳欲聾啊！現在我們終於過去了。那麼現在我們該往哪邊走呢？」

4. 在適當的時機讓孩子認識到嚴重性，要求孩子認錯。

在孩子冷靜下來後，家長要做好溝通，在孩子心悅誠服的情況下，讓孩子認錯。它標誌著憤怒的終結，並有助於孩子恢復正常而不是老繃著臉。認錯還有助於家人之間關係的恢復。孩子認錯時態度是否誠懇，語調是否正確都不那麼重要。要求孩子認錯的主要原因是，它對孩子懂得發怒之後如何使情況恢復正常有好處。家裡的成年人若能在發怒和衝動之後認錯、道歉，對孩子也有幫助。

4. 對孩子的無理取鬧要冷處理，暫時不予理睬。

俗話說「一個巴掌拍不響」，孩子很難在獨自一人的情況下發脾氣，脾氣的爆發總是有對象的。所以如果任由孩子去號啕、跺腳，自己轉身離開房間，孩子的脾氣就不會持續太久。如遇孩子正在傷害他自己或是損壞別的東西，是難以置之不理的，若把孩子留在那裡，危險較大，必須把他帶到安全的地方或予以制止。

6. 處理好引起孩子不良情緒的各種事件。

有道理也好，沒道理也好，誰都不會無緣無故發脾氣的。孩子發脾氣的原因很多，但不外乎遇到冷落，待遇不公平，為引起大人的注意或所求不遂等。無論出自哪方面的原因，父母均應認真對待，並採用適宜的辦法，使孩子從這些因素中解脫出來。這就需要父母要先嚴於律己，反省一下自己的教育態度和教育方法有無不適當的地方，同時父母要多尊重體貼孩子的感受，努力防止激起孩子的憤怒。

【名人談教育】

世界上沒有才能的人是沒有的。問題在於教育者要去發現每一位學生的稟賦、興趣、愛好和特長，為他們的表現和發展提供充分的條件和正確引導。

——蘇霍姆林斯基

當父母與孩子有誤會時要先自我檢討

很多人都想當然地認為，最了解孩子的無疑是父母。其實，孩子的內心也是很豐富多彩的。有的時候看似「不規矩」的行為，卻有一個很「規矩」的動機。

因為不希望天天頻繁開關家裡的冰箱，我已經警告過天天好幾回了。可她還是執著地不時跑到廚房裡開冰箱。我想弄清楚究竟冰箱裡有什麼好玩的吸引著她，打開冰箱一看，卻把我惹火了，天天用她辦家家酒的鍋子、杯子、小碗，全部裝滿了水，放在冷凍室裡。

看到我的警告對她發揮不了作用，我只好罰她那天不能吃她最喜歡的草莓奶油小蛋糕。說來也湊巧，過了一個星期後，天天爸不小心扭到腳，又紅又腫的，我急著給他找冰塊來止痛，天天那些玩具杯子裡的冰塊派上了用場。我小心地將它們倒出來，裝進袋子裡，給天天爸敷上。天天蹲在爸爸面前，也很著急地幫著爸爸揉，看著我將她儲藏的冰塊用上了，開心地笑著，還告訴爸爸：「上次，小藍摔傷了，老師用冰塊裝在袋子裡，讓小藍敷著。我也想做冰塊，媽媽跳舞總是腳痛，我想用冰塊幫媽媽敷。」

聽了天天的「輕描淡寫」，我心情越發沉重，既感動又愧疚，我在心裡一遍一遍說：對不起寶貝，媽媽怎麼當時就沒問問你拿冰塊做什麼呢？第二天，我帶著天天去超市，選了幾個專門用來凍冰塊的小格子，回到家後，和天天一起在每個格子裡裝了水，放進了冷凍層，我告訴天天，這些冰塊就像是我們的備用藥，只有需要用時才能去動，可不能拿來玩喲。天天認真地點點頭。

孩子也有自己的思想，自己的自尊。當家長誤會了孩子，應該怎樣做才不會傷害到孩子的自尊呢？

1. 家長也要學會向孩子道歉，這並不影響家長的尊嚴。

孩子的心都是比較單純的，向孩子說聲「對不起」並沒有想像中那麼困難。這

既有助於父母與孩子之間的溝通，同時也為孩子樹立了一個對自己的言行負責、知錯能改的形象，增加孩子對父母的敬重，又在潛移默化中培養了他們正直誠實的品德。

2. 以其他的補償方式代替道歉。

在現實中這樣做的父母比較多，不過這不是最好的辦法。這類父母在發現誤會孩子之後，心中也是有歉意的，但是又拉不下臉向孩子道歉或擔心直接道歉會損害自己的權威形象，於是，就以物質、精神許諾來代替道歉。這樣的家長能讓孩子了解到自己的歉意，也算是「知錯能改」了。但不能經常採取這樣的方式，以防孩子養成習慣，對父母提出各種無理的要求。

最糟糕的方式是找孩子別的錯掩蓋窘迫。有些家長誤會孩子後，會故意找孩子別的錯誤來掩蓋自己的窘迫。從表面上來看，家長這樣做，似乎維護了自己做父母的尊嚴，但是，這樣做會深深地傷害孩子。孩子會不再相信家長，不敢對家長說真話。長此以往，不但會使孩子學會推諉責任和逃避現實，而且會使孩子性格懦弱。如果你是這樣的父母，那就需要盡快改變自己了。

【名人談教育】

活的人才教育不是灌輸知識，而是將開發文化寶庫的鑰匙，盡我們知道的交給學生。

——陶行知

鼓勵孩子發表自己的看法

要把孩子培養成有主見的人就要從小鼓勵孩子說出自己的看法。在讓孩子大聲說出自己想法的過程中，他們的個性得以張揚，心靈得到了放鬆，思想得到了解放，自主意識得到了加強，自尊和自信得以保持和恢復。

他不是你的棋子
從小做孩子的知心好友

孩子有獨立的想法是一種自信的表現，是一種能力的體現。父母鼓勵孩子主動說出內心的想法，可培養孩子的創造性。鼓勵孩子主動說出內心的想法，還可發展孩子獨立自主的意識，有益於孩子的健康成長。孩子向父母敞開心扉，說出膽怯，說出疑惑，說出建議，說出奇思妙想，才能最終說出光明的未來，說出健康的人格，說出燦爛的明天。怎麼鼓勵孩子主動說出內心的想法呢？

1. 父母要認真對待孩子的看法和建議。

父母可用體態語言，即面部表情、身體姿態，如：靠近孩子，一邊聽著孩子講話，一邊深深地點頭說「是嗎？」表示關注。表示「你說的我都明白了」的意思，這很重要。因為孩子一旦認為自己講的話被父母接受了，就會對說話產生自信。

2. 不要把孩子的話用大人的邏輯去判斷，多聽少說，給孩子話語權。

一天，美國著名主持人林克萊特訪問一名小朋友，問他：「你長大了想當什麼呀？」小朋友天真地回答：「我要當飛機駕駛員！」林克萊特接著問：「如果有一天，你的飛機飛到太平洋上空，所有引擎都熄火了，你會怎麼辦？」小朋友想了想說：「我先告訴飛機上的人綁好安全帶，然後我掛上我的降落傘，先跳下去。」在場的觀眾笑得東倒西歪，沒想到，孩子的兩行熱淚奪眶而出，使林克萊特發覺這孩子的悲憫之情遠非筆墨所能形容。於是林克萊特問他：「為什麼要這麼做？」小孩子的回答透露出一個孩子的真摯想法：「我要去拿燃料，我還要回來！我還要回來！」

家長柔和的態度就是對孩子的鼓勵。親切、平和、耐心地傾聽孩子的內心想法，不要急於判斷，那麼父母肯定也能聽到孩子最善良、最純真、最清澈的心語。父母與孩子溝通不良的一個很重要的原因，是由於父母過於主觀，沒有靜下心來去傾聽孩子的真實想法。父母應以寬容、鼓勵的心態來傾聽，讓孩子感覺到父母對自己的平等與尊重。不要經常指責、埋怨孩子，隨意地打斷孩子的話語，從而使孩子關閉心靈之窗，不願與父母交流。

【名人談教育】

只有讓學生不把全部時間都用在學習上，而留下許多自由支配的時間，他才能順利地學習……這是教育過程的邏輯。

——蘇霍姆林斯基

引導孩子參與聊天

不要在發現有問題時才想起和孩子溝通，平時就要多和孩子聊天。祕訣是和孩子密切相處，多關心孩子，了解其想法和需要。要了解孩子，就要多跟孩子接觸，從他們的語言及行為中了解他們的想法、喜好、內在需要。我們試著從下面兩個例子窺知一二。

例一：孩子從學校回來。媽：「你回來了？」子：「我回來了。」媽：「今天在幼稚園都做了些什麼？」子：「沒做什麼。」媽：「吃什麼點心？」子：「忘記了。」

例二：孩子從學校回來。媽：「嗯！寶貝，一天沒見了，讓媽媽看看！今天你一定玩得很快樂。」子：「對呀！我和承翰一起玩搭積木，我們搭了一座動物園，然後，把許多玩具關進去當動物，很好玩哦」媽：「哇！聽起來真的很好玩，可惜我沒有玩到。」子：「沒關係！下次我教你玩。」

和孩子聊天不是審問孩子。兩個例子都是孩子從學校回來，媽媽的動機同樣是想要了解孩子今天過得好不好，做了些什麼事、玩得快樂不快樂，但是結果卻相去甚遠。所以造成這樣的差異，當然不全是因為問話技巧的不同，其中也包括長久累積下來的溝通模式，親子關係的親密度，孩子說話的意願，以及在學校的感受等因素。然而，不可否認，問話的技巧扮演著舉足輕重的角色。

1. 不要高高在上，把自己也變成孩子。父母是否擁有一顆赤子之心，是非常重要的。

2. 認真對待孩子的問話。孩子提出問題時，應先了解其真正含意，並針對孩子的需要做回答。例如孩子問：「媽媽，你要不要去買菜？」這個問題的真正意義其實是：「媽媽，我想跟你一起去買菜。」假如你知道孩子的真正目的，就可以說：「要啊！你要不要一起去？」孩子聽了必定會很高興。此外，對於孩子所提的知識性問題，父母也要慎重回答，或帶著孩子一起尋找答案。這樣，孩子以後不論碰到什麼問題，都會主動向父母詢問。

3. 避免用「我命令你」，「我警告你」，「你最好趕快」，「你真笨」，「你太讓我失望了」等帶有指揮、命令、警告、威脅、責備、謾罵、拒絕等負面意義的說話語氣。

4. 培養共同語言，經常變換新鮮的話題，引起孩子的興趣。例如：「你猜猜看今天我發生了什麼事？」「你知不知道為什麼小孩子最喜歡恐龍？」「如果有一天，太空人真的來到地球」等話題，相信會比「今天過得好不好？」「快樂不快樂？」更吸引孩子。

【名人談教育】

如果不去加強並發展兒童的個人自尊感，就不能形成他的道德面貌。

——蘇霍姆林斯基

第 7 章 保持信任給孩子一個未來

對孩子的能力放心

　　任何人都難免做錯事，不要因此而過多地限制、責怪孩子。當父母的如果能夠把孩子放在平等的位置來對待孩子，把孩子也看成獨立的一個人，而不是只是知道吃喝的什麼事都不懂的「小孩子」，這樣孩子已經得到幸福生活的一個開始。所謂平等，既不能處處順從孩子讓他高高在上，也不能強行限制和管教把孩子至於控制之下。高高在上的孩子因為很少經受挑戰和真正的磨煉，心理和智力的發展都將趨於落後，在壓力中逆來順受的孩子因為心靈的能量得不到有效的釋放，常常會發生心理障礙，創造性遭受破壞的同時很容易引發行為問題。

　　1. 給孩子一定的空間，讓其自由發展。

　　女兒總是不整理自己的鞋，很多時候她的鞋都是丟的到處都是，我就把原來只有我和老公兩個人共用的鞋櫃空出第一層留給女兒使用，當她擁有一個獨立一層放鞋的空間的時候，她非常開心，好像一下子長大許多，她每次都是自己主動把鞋放回鞋櫃。週末全家外出購物或者就餐時都讓她參與選擇，每次參與家庭小會議投票的時候雖然她都選擇去吃肯德基，但是如果我和她爸爸都反對，並講清楚我們反對的理由，她也不會感覺很難受，關鍵是她參加到選擇中，已經得到尊重感。吃飯時也讓她點菜，每次她自己點的她都特別愛吃，好像吃的不是食物而是自豪和榮耀。

　　2. 不要輕易施以體罰，培養自信。

　　那天女兒出於好奇，拿了我的香水玩，可是不小心打碎了。她本來就是那種很懂事的孩子，看到她自責不已的樣子，我並沒有怪她，還反覆安慰她，又帶她到商

場幫助我挑選新的香水，並告訴她媽媽早就原諒你了，之後這件事她再也沒有提及過。可見這些事情對她幼小的心靈都是一次次考驗。

要相信孩子下次能做的更好。身體上懲罰只會給孩子帶來自卑感。體罰一定要慎重，一定要嘗試其他一切辦法之後。體罰往往帶給孩子的不僅僅是身體上的傷痕，更深的是留在心裡的痛，這些痛都不是這麼小的孩子可以承受的。教育的方式多種多樣，體罰絕對不是個好方法，而且它帶來的不利後果恐怕是讓人更難以接受的。所以說，不要讓體罰成為習慣，而且體罰只會加重孩子的自卑感，讓她產生對外界世界認知的膽怯心理。作為家長應該給孩子創造出最佳心理、社會環境，讓孩子充分發揮自我潛能。

【名人談教育】

只有心地善良的人才能易於接受道德的薰陶。誰要是沒有受到過善良的教育，沒有感受過與人為善的那種歡樂，誰就不感覺到自己是真實而美好的事物的堅強勇敢的衛士，他就不可能成為集體的志同道合者。

——蘇霍姆林斯基

信任孩子的潛力

獨生子女總是受到家長太多的寵愛，所有的事都由父母來做。到了學校，什麼都不會，成了一個沒有主見，沒有自信的孩子。當我們把自由和信任還給孩子時，他們無限的潛力就會被激發出來，反而更容易學會控制，學會為自己的行為負責。那麼，該怎樣做到真正信任孩子，發展其潛能呢？

1. 自信讓孩子們勇於探索周圍的世界。

孩子的發展終歸是要依靠他們自己的力量。在這過程中，最為需要的，不是人們普遍認為的充足食物，而是愛與關懷。自信也是一種重要的心理「營養」。自信

能使人的潛力得到發揮，也就是傑出和成功人士的良好素質之一。培養孩子的自信心，就是要相信孩子，孩子雖小卻具有巨大的潛力，這是現代科學研究所證明的。

2. 玩是對周圍世界的一種認知。

孩子的發展不是大人「教」出來的。打開孩子的眼睛，讓他們去適應各種不同的環境，讓他們知道自己可以做很多事情。帶著這樣的理念，我每次帶孩子出國旅遊時，都讓孩子自己決定交通工具和乘車路線。在巴黎，因為天天研究地圖和乘坐大眾交通工具，孩子回國後會自豪地告訴親友：「下次去巴黎，我可以做你們的導遊，我很熟悉那裡。」

3. 要讓孩子們體驗到成功。

成功也是一種無形之中的肯定。孩子的能力包括許多方面，各方面都優秀的人是沒有的，一無是處的人也是沒有的。要努力創造條件，開展各種活動，讓孩子做學習、遊戲的主人，在豐富多彩的活動中訓練能力。由於孩子的大腦尚未發育成熟，其意志力很脆弱，還不能完全靠自己正確對待和克服困難，需要家長的鼓勵和幫助。

如果這種鼓勵促進了孩子的成功，這就使他們從實踐中和心理上體驗了成功的全過程。孩子也會從成功的愉悅中產生強烈的願望。比如：在同樣的手工製作活動中，分組製作的內容不一樣，有的孩子做比較簡單的「花籃」，有的孩子做較難的「卡車」。做「花籃」的孩子完成後很高興，有著強烈的再操作的願望，而做「卡車」的孩子都不會做。由於沒有體驗到成功的喜悅，他們就沒有再次去做的願望。所以說讓孩子獲得成功，這對發展孩子潛力起著十分重要的作用。

【名人談教育】

教育者的個性、思想信念及其精神生活的財富，是一種能激發每個受教育者檢點自己、反省自己和控制自己的力量。

——蘇霍姆林斯基

信任孩子的品質

孩子一有風吹草動，做父母的總是無比焦慮，彷彿看到一輛失控的馬車。其實，只要能讓孩子領受規則，他們完全有能力對自己進行規範。所謂父母的不良影響是什麼？就是按照你自己的觀念養育孩子，要孩子走你認為他們應當走的路，或你希望他們走的路。

我們希望我們的孩子感覺到被愛，被關懷，有價值，我們何曾想打擊他們、溺愛他們？但是，問題在於我們所認為的最好，意味著我們要求孩子根據我們成人的劇本來生活，我們試圖創造我們自己的劇本並導演孩子的成長。

我家兒子性格隨和懂禮貌，他和許多孩子都特別容易混熟。交友廣泛是件不錯的事情，但像他這個年紀，就怕交上些不三不四的朋友，跟著一起學壞。要說我兒子這樣的人來熟，遠的不談，僅僅是在家附近裡逛一圈，就像磁鐵掉進釘子堆裡似的，連警衛、打掃人員見了他都會問候幾句。當然，在一大群認識的人中間，關係比較好的還是一些和他同齡的孩子們。經常見到他們三三兩兩地出現在上學或放學的路上，至於他們在一起玩些什麼，我倒是很少過問。因為我覺得孩子們該有自由權。

可是最近讓我不安的事還是發生了。不知從什麼時候起，兒子的身邊竟然出現了一些穿著奇裝異服、叼著香煙的少年。要說他們「不良」，也沒見他們做什麼壞事。每次見到兒子跟他們在一起，我也不好意思當人家孩子的面制止。回到家也找兒子談過，兒子卻說他們又沒幹什麼壞事，只是看上去有些叛逆而已。現在的孩子在別人眼中看來似乎有些非主流，但兒子卻說這是他們這一代對現實生活的態度，反而怪我們這些做家長的以貌取人，思想僵化。

聽著兒子的「訓斥」，一時間我有些懵了，覺得他說得也有些道理。晚上，我把這事告訴了老公。本來想聽聽他有什麼高見，沒想到他卻瀟灑地拋下一句「你要相

信兒子」便倒頭去睡了。之後的幾天，我再也沒跟兒子講起過他的那群朋友，而是有意無意地增加了一些道德方面的教育。比如和兒子一起出門的時候，看到有需要幫助的人便會鼓勵他主動伸出援手，讓他輔導鄰居弟弟、妹妹的功課，有時還帶著他給附近的流浪貓餵食。兒子本來就交友廣泛，這些事情自然都樂意為之。

這樣沒過幾個星期，在兒子的身邊多了許多活潑開朗、熱心善良的孩子，而那群少年已經不見了蹤影。一天晚上，我將成果彙報給老公聽，沒討得半點表揚，卻又是一句：「我早就說過，你要相信兒子！」我不清楚老公是大智若愚還是原本就糊塗，不過的確是他的這句話提醒了我。要想孩子不受他人的影響，就必須認真培養孩子自身的道德品質和價值觀念。而更為重要的是，要充分相信孩子。

【名人談教育】

追求理想是一個人進行自我教育的最初的動力，而沒有自我教育就不能想像會有完美的精神生活。我認為，教會學生自己教育自己，這是一種最高級的技巧和藝術。

——蘇霍姆林斯基

建立孩子對父母的信任感

孩子之所以不聽家長的勸誡很大原因是不信任。以至於家長與孩子無法溝通。信任又是溝通的基礎，長此以往，孩子便不願，甚至不能與家長溝通，致使家長與孩子的距離越來越遠。那麼怎麼才能建立孩子對自己的信任呢？

1. 和孩子成為朋友。

不要動輒就斥責孩子。每個孩子都渴望得到表揚和肯定，希望得到讚許和承認。因此，當孩子失敗、失去自信心的時候，父母的一個微笑、一聲讚許、一句鼓勵的話往往會使孩子重新振作起來。另外，要成為朋友，就要有共同語言，而要與

他不是你的棋子
從小做孩子的知心好友

孩子有共同語言，家長就要不斷學習新鮮的東西。現實生活中父母與孩子之間的「障礙」處處存在。

2. 言而有信，以身作則。

有的家長只會對孩子指手畫腳，一邊要求孩子學會尊重，學會關心，自己卻夫妻反目，婆媳相嫌；一邊要求孩子努力學習，不斷進步，自己卻安於現狀，不思進取；一邊要求孩子誠實守信，自己卻出爾反爾。所以父母在對孩子進行教育時，要不斷提高自身素質和道德修養，以自己的實際行動為孩子做出榜樣。請看一個「曾子殺豬」的例子：

曾子是孔子的弟子。一個晴朗的早晨，曾子的妻子準備去集市買一些東西，兒子哭喊著從身後攆了上來，吵著鬧著要跟著去。因為帶著他很不方便。因此曾子的妻子對兒子說：「你回去在家等著，我回來以後殺了豬做給你吃。」這話倒也靈驗。她兒子一聽，立即安靜下來，乖乖地望著媽媽一個人遠去。

沒想到當她從集市回來時，看見曾子正準備殺豬給兒子做好吃的東西。她急忙上前攔住丈夫，說道：「家裡只養了這幾頭豬，都是逢年過節時才殺的。你怎麼把我哄孩子的話當真呢？」曾子說：「在小孩面前是不能撒謊的。他們年幼無知，經常從父母那裡學習知識，聽取教誨。如果我們現在說一些欺騙他的話，等於是教他今後去欺騙別人。雖然做母親的一時能哄得過孩子，但是過後他知道受了騙，就不會再相信媽媽的話。這樣一來，你就很難再教育好自己的孩子了。」

3. 尊重隱私，相互理解。

該放手時就放手。隨著孩子年齡的增長，他們在家長面前再也不是透明的了。他們會有自己的祕密，渴望有屬於自己的一片天地。他們可能記自己的日記，有自己的信或 E-mail，有自己的電話……對於這些，很多家長感覺難以接受，他們迫切地渴望透過窺探孩子的隱私來了解孩子。然而，孩子的隱私如果常被侵犯，家長又不善於補救，其結果必定是導致孩子對父母的反感和不信任。一旦雙方形成隔閡，

再對孩子進行有效的教育就困難了。

【名人談教育】

任何人如果不能教育自己，也就不能教育別人。

——蘇霍姆林斯基

父母的信任可以培養孩子良好的心態

孩子的自信首先源於父母對他們的信任。一個孩子只有在父母的信任中才能有較高的自我價值感，才能擁有自信心。但在現實生活中，很多家長習慣於憑直覺教育孩子。一發現孩子學習成績下降就懷疑逃學去網吧，一看到孩子上網就懷疑在瀏覽不健康網站，一看到孩子和異性交往就認定在早戀……這種敏感已成為危害學生身心健康的重要誘因。

爸媽給玲玲買了個手機，覺得這樣方便聯繫，可是第二天就後悔了。他們發現，有了手機後，女兒接打電話都在自己的房間裡。這樣他們很難弄清女兒在和什麼人交往。而且，很多電話是在學習的時間打來的，更讓他們擔心的是不良簡訊侵擾孩子。

自從孩子有了手機，夫妻倆是一百個不放心。趁女兒不在時翻看電話記錄和簡訊，並對「可疑」簡訊進行調查——給發訊息者打電話，詢問對方是誰，為什麼發這樣的簡訊以及警告對方不要再發了，這種教育「很有效果」。正當夫妻倆為自己的努力欣慰時，一天下午，女兒進門就把手機摔碎在地，憤怒地說：「你們不就是擔心嘛，還調查我。現在班裡的同學都笑話我，你們稱心如意了吧！」

那麼，怎樣才能既擔負起監護孩子的責任又信任孩子呢？

1. 信任是孩子形成良好心態的基石。

有位哲人說：「自信心是每個人事業成功的支點，一個人如果沒有自信心，就

不可能大有作為。有了自信心，就能把阻力化為動力，戰勝各種困難，敢於奪取勝利。」因此，父母要注重培養孩子的自信心，要引導孩子尊重別人但不迷信別人，要用科學的態度對待別人的成功與失敗。一個孩子一旦有了自信，他就能客觀地看待自身的優缺點，就能夠更加有效地控制自己的思想和行為。

2. 孩子會在「犯錯誤」中學到很多，以寬容的態度對待孩子的錯誤。

當孩子因為不聽話而犯了錯誤，不要用偏激的言辭去斥責，而要循循善誘，曉之以理，和孩子一起分析事件的來龍去脈，指出孩子不聽話的原因以及造成的危害，然後，幫助孩子改正錯誤。一生中不犯錯誤的人是沒有的，特別是人生觀和道德觀正在形成中的孩子，有缺點、犯錯誤的可能性更大。做父母的要充分理解他們，信任他們，引導他們正確對待錯誤。

3. 給孩子嘗試的空間。

對孩子的事情既不能完全放手也不要過於熱心。凡是孩子能做的事，只要是有益的，父母就該支持他們去做。孩子缺乏經驗和技術，有時失敗了，或者有什麼失誤，這是正常現象。當孩子遇到挫折和失敗時，父母應多進行安慰和鼓勵，幫助他們找出原因，使他們的自信心得到充分的保護。反之，則可能引發孩子的對抗。

【名人談教育】

自我教育需要有非常重要而強有力的促進因素——自尊心、自我尊重感、上進心。

——蘇霍姆林斯基

信任孩子不等於忽略孩子

李女士是兩個孩子的母親。她讓兩個孩子上了標榜自由與開放的學校，強調順著孩子個性發展，結果孩子在人際關係上和生活態度上有許多缺失，養成「只要我

喜歡,有什麼不可以」的個性。老大當兵時無法忍受部隊的管教,差點出了人命;老二太過自信,聽不進別人的勸告,在金錢上不能量入為出,弄得負債累累。

她非常後悔並且自責,認為是當初自己尊崇自由、嚮往開放式教育,而過度強調孩子的自我發展,使得他們無法融入團體,造成今天的不適應。這篇文章引起了很多父母的緊張,不知道教養的尺寸要怎麼拿捏,才不會過猶不及。

在孩子成長的過程中如果完全放任自留,孩子就會像無人修剪的小樹。教育孩子首先要知道信任不等於放任,自由不等於自私,自信不等於自負,它們在觀念上是完全不同的,失之毫釐差之千里。這位媽媽的出發點其實沒錯,因為每個孩子不一樣,的確不可以用同一個樣板套用;我們也應該讓孩子順著自己的個性去發展,將來才可能成為一個快樂有用之人。但是孩子還小、閱歷不豐,所以需要父母隨時的監督與指導,因此可以信任他,但不能放任他。信任的先決條件是自重自愛,孩子一定要先自重自愛、誠信守諾,才能享受到父母信任的特權。被別人信任是個特權,但是需要自己用誠信去換來。

很多為人處世的道理依然要讓孩子有清晰的認識。自由是以不妨礙他人自由為原則,所以崇尚自由必須尊重別人的自由,凡事能替別人著想,也就不會自私,它的原則就是孔子所說的「己所不欲,勿施於人」。自信來自別人對你的長期肯定,它建立在能力的基礎上。因為能力是可以比較的,隨時會有人超越你,因此自信的孩子同時要學會謙虛,要懂得人外有人,天外有天。

讓孩子領略這些的最好辦法就是以身作則。有了它作準則,其實如何拿捏不那麼困難,最主要是自己必須以身作則,光是說教是沒有效的。那麼,什麼是放任呢?最近報上登了一則新聞:一個十五歲的高中孩子,一個月手機費高達兩萬多元。雖然父母付得起,但是一個不事生產、仰賴別人供給衣食的孩子,花掉上班族一個月的薪水時,就是放任。這個行為不能用敢愛敢哭來解釋,因為他的「敢」是建立在別人的血汗上。

他不是你的棋子
從小做孩子的知心好友

不要等到孩子做錯了才去教訓孩子，要記得時刻示範正確的行為，並且隨時糾正社會上的錯誤觀念，那麼孩子自然會成為一個正直有用的人。教養孩子就像農夫種田，耕種時雖然辛苦，豐收的甜美卻是沒有什麼可以比擬的。

【名人談教育】

不應把紀律僅僅看成教育的手段。紀律是教育過程的結果，首先是學生集體表現在一切生活領域——生產、日常生活、學校、文化等領域中努力的結果。

——馬卡連柯

孩子犯了錯誤父母仍要信任他

孩子犯了錯誤不要一味地責罵。孩子的錯誤大凡可分為兩種，一種是長輩必須予以立即糾正的，如亂丟垃圾，不整潔，欺侮弱小等，一旦放任，以後就難以收拾。而另一種，即孩子能夠自行糾正，主要是如何適應生活的那一類，卻是應該允許其犯錯誤的，孩子不斷「犯錯誤」的過程其實正是不斷改正錯誤、完善方法的過程，假如不給予這類機會，輕易地幫他打開門，非但剝奪了孩子尋求正確「開門」方法的樂趣，也會使他們變得懶於動手、疏於嘗試、習慣依賴父母。

1. 要從全面的角度欣賞孩子。

很多家長都沒有耐心和孩子溝通，或者不會和孩子溝通，相互之間的理解不夠，同時還存在著認識上的巨大差異。在家裡，每個家長都會自覺或不自覺地把「學習」作為中心詞，千言萬語濃縮成一句話，那就是「好好學習，爭取考上好學校。」其他幾乎無話可說，而孩子們也不願意跟父母訴說心事，父母和孩子之間成了這樣一種「契約關係」，即我給你吃、給你穿，滿足你的一切需要，但你要給我好好學習，爭口氣，上大學。一旦孩子「失約」，父母就會「翻臉不認人」，非打即罵。

在日本有這樣一句名言：「除了陽光和空氣是大自然的賜予之外，其他一切都要

透過勞動來獲得」。然而很多家長都把孩子管得這樣緊，而且還只關注孩子的學習，孩子的其他社會能力能發展嗎？結果，孩子上了大學仍然不能夠做到獨自出門。

2. 不要為了杜絕孩子犯錯而刨根問底。

父母覺得自己的孩子就像自己的東西一樣，應該完全透明，沒有任何隱私而言。而實際上，在每個人的心中都有不願告訴他人的祕密，孩子也不例外。孩子有了隱私，許多做父母的總是千方百計地去偵察，如翻抽屜看日記、拆信件，甚至打罵訓斥。殊不知這種做法會傷害孩子的自尊心，造成孩子沉重的精神壓力，甚至產生敵意和反抗情緒，如果採取全方位的訊息封鎖和防備措施，必定會導致父母與孩子關係的惡化。

自尊和隱私是分不開的。如果把自尊心比喻為花瓶，那麼隱私就是瓶上的細小裂紋，做父母的更應該細心地保護好這個花瓶。隨便暴露孩子的隱私，甚至當眾宣揚，這無異於敲打這個有裂紋的花瓶，讓孩子無地自容，把孩子的自尊心敲碎。

3. 重視孩子的可塑性，要相信孩子是可以改變的。

不要把錯誤當成猛虎，孩子在犯了錯誤之後，作為父母應該真正做到認真地去了解孩子犯錯誤的原因，從而對症下藥，千萬不要一棍子打死。溝通是建立在信任的基礎上的，如果孩子說了實話，家長卻因為孩子犯了錯而不相信孩子，孩子下次又怎麼會再說實話？而你又如何能了解孩子的真實思想？更為重要的是，這樣會打擊孩子的自信心，讓孩子自暴自棄，對教育孩子是極其不利的。

【名人談教育】

勞動是有神奇力量的民間教育學，給我們開闢了教育智慧的新源泉。這種源泉是書本教育理論所不知道的。我們深信，只有透過有汗水，有老繭和疲乏人的勞動，人的心靈才會變得敏感、溫柔。透過勞動，人才具有用心靈去認識周圍世界的能力。

——蘇霍姆林斯基

信任孩子才能讓孩子學會信任

恐怕每個家長都會遇到這樣的困惑，為什麼我們是孩子最親近的人，卻得不到孩子的信任呢？

我一直把兒子視作驕傲，他今年十歲，我曾經拿了一份小學生問題調查表，其中有一道題是讓孩子說出對家長和老師想說的話和建議。我把孩子叫過來，原以為他會很痛快地說出來，沒想到，孩子卻說：「反正你又做不到，說了也白說，我還是不說了」。

聽到這個答案，我很驚訝，繼續問：「你怎麼知道我做不到？」孩子說：「我還不知道你？」說完就走了。從他的語氣裡，我聽出來了，孩子根本就不相信我會理解他，採納他的建議，我很失望。正巧沒過了幾天，孩子在看少兒節目，主持人讓孩子大膽地說出對家長最不滿意的十件事。孩子們提的第一條就是：家長言而無信，而且家長對孩子也不信任。兒子在跟前拍著我說：「你就是這樣的人。」這兩件事對我觸動很大。我覺得真的應該好好反思了。

1. 不要「哄」孩子。

相信沒有家長是故意跟孩子說謊的，都會有自己的苦衷，可是在孩子的認知中，「哄」就是欺騙。要經常用正直和誠實的行為獲得孩子的信任。對孩子的提問，包括像「死」、「性」等傳統禁忌的話題，也應作誠實的回答。孩子喜歡問：「我是從哪裡來的？」「我到醫生那裡打針會不會很痛？」對此都應做出準確的答覆。

2. 家長確實無法完成承諾或者誤會了孩子要承認錯誤。

畢竟不能拿教育專家的水準來要求每一個父母，在撫養孩子時難免出現一些失誤。如果能對孩子用慈愛講理的態度來解決這些過失，那麼他們就能夠接受，不會造成無法挽回的損失。直接承認自己的錯誤，並與孩子交談，向孩子道歉。比如，父母因孩子違反了無關緊要的規矩而大聲叫嚷，原因是他們自己疲勞過度、急躁和

失去控制力。這就該向孩子誠懇地承認真實原因。你應該這樣說：「我剛才對你吼叫是不對的，現在我知道你並沒有做什麼錯事。是由於我感到疲倦情緒不佳才對你發脾氣，請原諒，我對不起你！」父母坦白地、富有感情地承認錯誤，孩子會寬恕你，和你站在一邊，對你更加親密，更加信任。

3. 父母的態度要一致，並且始終如一。

不要今天心情好了就把孩子寵上了天，明天心情不好就非打即罵。要天天用同一態度對待孩子。換句話說，不要經常改變你對他們熱愛、高興和欣賞的態度。對待孩子始終如一，是孩子對你信任的基礎。

4. 多關心孩子的精神世界。

和孩子成為朋友不是說放任他們不妥的行為。對孩子既要有嚴格的要求，又能理解、尊重、信任孩子。

(1) 平時除了關心孩子的生活外，家長要多了解孩子的所思所想、所需所求，要把孩子放在與自己平等的地位，不要總認為孩子太小，什麼事都不懂，任何事情都是由家長決定及包辦代替。

(2) 家長遇事要與孩子多商量、多溝通，真正讓孩子感覺他是家庭中的重要一員。

(3) 學習上也要尊重孩子，不要將自己的愛好、願望強加給孩子。孩子從父母那裡得到愛、尊重和理解，反過來也會尊敬、愛戴父母的。家長只有走進了孩子的心裡，才能夠真正的領會到孩子的真實想法，才不會用成人的思維定勢去誤解孩子。

【名人談教育】

教育中應該盡量鼓勵個人發展的過程。應該引導兒童自己進行探討，自己去推論。給他們講的應該盡量少些，而引導他們去發現的應該盡量多些。

——史賓賽

他不是你的棋子

從小做孩子的知心好友

第 8 章 如此讚美孩子效果更好

想方設法讓孩子相信自己是好孩子

　　成就取決於對自己的認可。要想讓孩子成長為有獨立意識的自信的人，就要培養孩子積極的自我概念，實際上就是要讓孩子相信自己是個好人。許多父母覺得這個問題好像很新鮮，這是一個什麼問題？在孩子的成長過程中，有許多關鍵時期。十歲左右是孩子形成自我概念的一個關鍵時期，在這個時候，做父母的和老師要千方百計地讓孩子相信自己是個好孩子，讓他從小就相信自己。因為當一個人認為她自己是個好人，他就會像好人一樣地生活；當他認為他是個傻人，是個笨人，他就會像個傻人笨人一樣地生活；當他認為自己是個壞蛋，他就會像個壞蛋一樣地生活。

　　讓孩子相信自己是個「好孩子」是對其進行其他教育的基礎。對於父母來說，要堅定不移地相信自己的孩子是好孩子。你只有信任孩子，孩子才能真正成為一個好孩子。非常遺憾的是，父母在生活中常常會不自覺地讓孩子相信自己是個壞人、笨人。比方說考完試，有些父母就會訓斥考不好的孩子：「我看你這個樣子將來就是掃大街的料！」「我算是白生你了，我這輩子真是沒指望了！」這些話聽起來讓人很沮喪，這些話實際上會讓孩子懷疑自己：我是個聰明的孩子嗎？我是個好孩子嗎？這樣的懷疑有可能使孩子喪失自信，走向自卑，導致心理問題，甚至釀出悲劇。

　　成人尚且需要他人的認可和鼓勵，何況是對自我認知還不是很清晰的孩子呢？「良言入耳三冬暖，惡語傷人六月寒」，我們要求自己仔細觀察和揣摩孩子的心態、處境，選擇時機有針對性地用「良言」溫暖他、鼓勵他；當孩子受窘時，說幾句話為他解困；當孩子沮喪時，用熱情的話予以鼓勵；當孩子疑惑時，用智慧的語言給

他不是你的棋子
從小做孩子的知心好友

他提個醒；當孩子自卑時，點亮他的優點，燃起他的信心。良好有效的學習規律應是有張有弛，有勞有逸。學習的時間對於中小學生來說，一般經過一個小時，就要休息一下，鬆弛一下，使大腦的疲勞得到緩解，待精力恢復了，再行學習，才能提高學習效率。不要一味地反對孩子玩，適當地玩，也是一種休息。事實上，我們常常可以看到，那些學習成績優異的孩子，並沒有學得那麼苦、那麼累，那麼不分晝夜，相反，他們學得都比較輕鬆，合理分配時間，從而保證良好學習狀態。好孩子是誇出來的，家長要拿出寬容和愛心，多找孩子的優點，讓他們自信地走上人生之路。

【名人談教育】

硬塞知識的辦法經常引起人對書籍的厭惡；這樣就無法使人得到合理的教育所培養的那種自學能力，反而會使這種能力不斷地退步。

——史賓賽

準確、具體、及時地表揚才更有效

表揚也不是要把孩子捧到天上去，那只會讓孩子分不清東西南北。表揚孩子是一門藝術，對孩子表揚要具體、準確、及時。有的父母會這樣表揚孩子：你真是個好孩子，你真聰明，你真用功。看起來確實是在表揚孩子，但這樣的表揚含糊不清，無助於孩子認識自己。

表揚對孩子來說是一種動力。所以作為家長的我們，不要吝嗇你口中表揚詞，告訴孩子，他們出色在哪裡，那樣，孩子會更優秀。當然，誇孩子不是無原則地戴高帽子，也要講究方法。我們誇孩子勤奮，不誇孩子聰明；誇孩子進步快，不誇孩子讀書厲害；誇孩子的進取精神，不誇孩子居功自傲；誇孩子的自信，不誇孩子的自負；誇孩子不拘一格的創新，不誇孩子照貓畫虎的重複。

　　洋洋是很聰明的孩子，可是因為總是不把心思放在讀書上，所以成績不上不下，無法提高。洋洋的媽媽根據他愛思考的特點，給他訂了好多兒童畫報和雜誌，上面有各種益智遊戲、謎語、各國風土人情和地理知識。沒想到看了一段時間後，在一次考試中洋洋答對了一道幾乎沒有人知道的課外思考題，就是運用了書上的知識。回家後，媽媽馬上對眉飛色舞的洋洋說：「我們洋洋真了不起，沒有人能做對的題你也做出來了。這都是你博覽群書，愛思考的功勞。書本上的知識也很重要啊，以後也要抓緊時間多了解書本知識好不好？」洋洋從課外學習中得到了認可，從此學習的興致更高了。

　　要留心孩子成長的每一步，及時發現及時表揚。特別是在人多的時候更要表揚，激勵他，鼓勵他奮進；孩子有了缺點，不要指責，更不要訓斥，要分析孩子產生問題的原因，找到原因之後在適當的時候找他談。在談問題之前要肯定孩子的成績，指明他努力的方向，然後再說他目前還存在一個小問題，如果這個問題改了他就是一個完美的孩子了。這樣他就很容易接受，也很容易改正不足。

【名人談教育】

　　教育中要防止兩種不同的傾向：一種是將教與學的界限完全泯除，否定了教師主導作用的錯誤傾向；另一種是只管教，不問學生興趣，不注重學生所提出問題的錯誤傾向。前一種傾向必然是無計劃，隨著生活打滾；後一種傾向必然把學生灌輸成燒鴨。

——陶行知

表揚孩子要「就事論事」

　　一味地表揚不但無法起到激勵孩子的作用，反而會起反作用，一味地表揚不是真正的欣賞。沒有批評的教育是偽教育，對孩子一味表揚是偽教育。現在越來越多

他不是你的棋子

從小做孩子的知心好友

的父母們已經認識到了賞識教育的力量，但是同時又看到很多的案例：父母的過渡表揚使孩子的抗挫折能力很低，並且造成孩子的盲目自信與狂妄。這就是表揚的不當，欣賞的誤用了。

人無完人，同樣，也沒有一無是處的人。任何人都有值得欣賞的地方，孩子當然也是最值得我們去欣賞的人。欣賞是一種源於愛的對他人的認同，我想欣賞也應包含「包容並指正他人的不足」。因為幫助他人正確認識自己並改正缺點，這樣一個人才能更加完整更加完善，他所具有的好的一面才能更加長青更有生命力，這才是真正的愛。所以經常聽到老一輩的人說：「批評你是為了你好。」是不無道理的。

父母要有甄別何處該讚揚何處該勉勵的能力。孩子無疑是最應該受到我們欣賞的人。他們每一個人都有值得欣賞之處，同時也都有各自的不足甚至缺點，我們做父母的對孩子的教育應該「揚長」而且不「避短」。

那天放學回來，豆豆拿著老師批改過的作文對我說：「媽，老師表揚我成語豐富呢。」我拿來一看，他寫著：人多得像成千上萬隻螞蟻。其實簡單的一句「人多得像螞蟻似的」也許更能給人留下遐想的空間，「成千上萬」這個成語反而削弱了要表達的意思。

我想，不能讓他對成語失去興趣，打擊孩子的積極性，又不能讓孩子鑽牛角尖，便說：「豆豆，你記住了很多成語，而且在寫作文時經常引用成語，這樣很好。成語用好了就能讓作文錦上添花。」

豆豆聽了自然手舞足蹈，甚至有點驕傲，我繼續說：「但是，不是在文章中用成語越多就越好，用得不好反而起到相反的作用。比如用『成千上萬』，不如用『人山人海』更能說明人多的景象。你掌握了比別人多的成語，說明你看書時很用心；在寫作文時盡量用成語，而且有時候成語用得很恰當，這樣會讓作文很出彩；但是要正確理解成語的含義，並且要恰當使用成語，成語不是用得越多越好，用的不恰當或者過多反而不如不用。」

表揚不能片面，過多的表揚就像拿著放大鏡看孩子，會讓孩子忽略了很多應該改正的細節。比如過分誇獎孩子會的成語多，就容易導致孩子片面追求在作文中用成語，而不考慮成語的用法是否準確合適。因此，表揚要與勉勵相結合。

【名人談教育】

教育不能創造什麼，但它能啟發兒童創造力以從事於創造工作。

——陶行知

充分給予孩子認可和讚美

我們總是囑咐孩子出門要當心來往車輛，注意安全，可是你想過嗎？賞識教育也是對孩子的保護。父母是孩子最直接、最親密的保護者，我們不僅要保護孩子的身體健康和人身安全，更要保護孩子的心理安全。可能我們的孩子與別的孩子之間存在著差異，也可能我們的孩子在學習成績之上不如別的孩子那麼優秀，同時也可能學習起來缺乏自信，調皮搗蛋，與父母對抗等。

生活在鼓勵中的孩子才能懂得自信；一個孩子生活在認可之中，他就能學會自愛。有時我們一個真誠的微笑，一句熱情的表揚，都可以在孩子身上轉化為無窮的動力。因此，我們一定要精心呵護每一顆美好而脆弱的心靈。當我們的愛注入孩子心田時，我們的愛就會轉化為孩子對知識和世界的熱愛，從而促進孩子良性發展。

1. 期待是一種認可。

孩子的成長不是孤單的、被動接受的過程，而是雙向或多向的、開放的，具有情感色彩，特別是具有積極、愉悅和快樂的情感色彩的情況之下，才能收到出奇的效果。所以如果孩子能在學習中不斷的自我肯定與被肯定，那麼它就會表現得和我們所期待的一樣，當他取得成就與獎勵之後，就會出現以成功促成功，優秀上更加優秀的效果。著名的羅森塔爾「期待效應」其實就是對孩子施加積極期待，能使期

望化為孩子「自我實現預言的作用」，從而使預測成為現實。

期待不是給孩子過高的希望，而是要引導和推動了孩子積極而健康成長，就如給一艘迷失的航船指明了方向，這樣孩子的目標性、追求成功的積極性就會更強。一旦這種期待被激活，就會轉化為孩子自身的源動力和內驅力，從而逐步樹立信心，建立恆心。作為父母要相信自己的孩子是天才，想方設法要讓他建立自信心，以及養成取得成功的良好的行為習慣，同時鼓勵孩子抬起頭做人，挺起胸走路。

2. 孩子能從賞識中得到鼓舞。

有數據顯示：一個人在沒有受到激勵的情況下，他的能力僅能發揮百分之二十到三十，如果受到充分的激勵，能力就有可能發揮百分之八十到九十，以至更多。由於父母對孩子的賞識，親子之間彷彿架起了一座橋梁，把親子之間的情感聯結在一起。這樣孩子就會主動地與我們溝通和交流，這樣我們就可以走進孩子的內心，然後隨其心順其性千方百計地激發孩子的學習和生活的熱情，讓孩子找到自尊，尋回自信，使他在充滿愛意的激勵中，經常保持滿足，快樂，穩定的情緒內涵，洋溢著創造的激情和進取的動力。

【名人談教育】

教育之通病是教用腦的人不用手，不教用手的人用腦，所以一無所能。教育革命的對策是手腦聯盟，結果是手與腦的力量都可以大到不可思議。

——陶行知

增加讚美孩子的機會

對孩子的美好期盼是每個家長都會有的，當看到別人的孩子表現傑出時，不少家長常會埋怨自己的孩子一無是處。一味埋怨的做法不僅是徒勞無益的，相反會傷害孩子稚嫩的自尊心。事實上，每個孩子都有潛藏的才能，即便是臨床上認為弱智

的孩子。開發孩子的潛能，為日後成才打下堅實的基礎，才是每一位家長應當努力去做的。

有的家長覺得自己的孩子總是不進步，沒什麼可讚美的，那是你沒給孩子機會。要有耐心等待孩子發揮潛力。有些父母一時叫不動孩子做家務事，乾脆自己做；嫌孩子不會買東西，索性自己出門；認定孩子念不好書，便幫他複習……久而久之，孩子生出惰性，心想反正父母一定會伸手援助，便樂得坐享其成，讓自己的「天資」睡著了。所以，當父母埋怨孩子懶惰時，不妨捫心自問，是否自己對孩子缺少耐心，把孩子的表現機會「洗劫」一空了。

即使孩子所做的並不像你想像的那麼好，只要他努力了，也該及時給予讚美。因為，即使是個天才，也需要有一個練習的機會來醞釀信心，而後越走越順。如果只是一味地打擊、批評，孩子會窘得抬不起頭，再也不肯嘗試。看看這個家長的故事，會給你很多啟發。

又到了開家長會的時候，老師對她說：「你的兒子有多動症，在椅子上三分鐘都坐不了。」回家的路上，兒子問她，老師都說了什麼？她鼻子一酸，差點流下淚來。然而她還是告訴兒子：「老師表揚你了，說你原來上課總是走神，現在能集中精力聽講了。別的家長都非常羨慕媽媽，因為全班只有寶寶進步了。」那天晚上，她兒子破天荒地吃了兩碗米飯。

第二年，又逢家長會，老師說：「全班五十名同學，這次數學考試，你兒子排第四十九名。我懷疑他智力有些障礙，你最好能帶他去醫院查一查。」回去的路上，她流下了淚。然而，當回到家裡，看到誠惶誠恐的兒子，她又振作起精神說：「老師對你充滿信心。他說了，你並不是個笨孩子，只要能細心些，會超過你的同桌同學。」說這話時，她發現，兒子暗淡的眼神一下子舒展開來。第二天上學，兒子比平時都要早。

轉眼兒子就上了高中，在家長會上，老師告訴她說：「按你兒子現在的成績，要

考好大學有點危險。」她懷著驚喜的心情走出校門，告訴兒子：「班導對你非常滿意，他說了，只要你努力，很有希望考上好大學。」高中畢業後，兒子把一封印有知名大學招生辦公室的信交到她的手裡，邊哭邊說：「媽媽，我一直都知道我不是個聰明的孩子，是你……」這時，她悲喜交加，再也按捺不住十幾年來凝聚在心中的淚水，任它打在手中的那個信封上。

【名人談教育】

要解放孩子的頭腦、雙手、腳、空間、時間，使他們充分得到自由的生活，從自由的生活中得到真正的教育。

——陶行知

表揚孩子時一定要充滿誠意

賞識教育源於美國。適時地表揚和誇讚有助於增強孩子的自信，塑造良好的品德和行為。但是誇獎孩子也有一定的原則章法，如果誇獎被濫用，不僅達不到鼓勵孩子的目的，還可能讓孩子變得驕縱和自大。要使誇獎真正能夠打動孩子，應遵循這樣幾個原則：

1. 表揚要具體。

父母不要籠統地說「我們孩子真好」這樣的話，要告訴孩子在哪些方面取得了進步，不能像走過場一樣泛泛地說：「你做得不錯，要繼續努力。」

表揚得越具體，孩子就越清楚什麼是好的行為。比如客人走了之後，媽媽可以對孩子說：「今天叔叔給你東西的時候你馬上說謝謝了，真有禮貌。」孩子寫完字後挑出幾個寫的比較好的對他說：「媽媽喜歡你寫的這些字，每個都乾乾淨淨，沒有出格。」孩子對於真誠、有內容的誇獎是來者不拒的，具體的表揚會讓孩子明確知道自己哪裡做得好，產生真正的滿足感。

2. 表揚孩子沒有必要避開公開場合。

也許是受自古以來謙虛傳統的影響，父母常常喜歡在人前誇別人的孩子，貶低自己的孩子，這是最損傷孩子自尊心的做法。想讓孩子有自信，一定要在人前表揚他，誠心誠意地把孩子性格中的閃光點，行為上、習慣上讓人欣賞的地方提出來。人前表揚，即使是很小的一點點小事，比如孩子很貼心，出門會幫媽媽拎東西，對強化孩子的良性行為的效果都極大。要注意的是，在公開場合表揚的一定是孩子性格與行為上好的地方，不是孩子取得的任何成績或者榮譽，若是後者，性質就變了，成了炫耀。

3. 物質獎勵宜少不宜多。

有個心理學上的實驗值得家長深思。心理學家挑選了一些喜歡繪畫的孩子，將他們分為兩組。老師對 A 組的孩子們許諾，「只要畫得好，就給你們獎品」，而對 B 組的孩子們只是告訴他們「我想看看你們自己創作的畫」。兩個組的孩子們都畫了畫，但是心理學家透過暗中觀察，可以看到 A 組的孩子們大多都是被動地畫著什麼，他們繪畫的興趣明顯地被降低了，而 B 組的孩子們卻都是興致勃勃地在創作。最後檢驗畫作，B 組孩子的畫充滿了創意，平均水準明顯高於 A 組。這個實驗，在不同的國家、不同的年齡組裡都進行過，得到的結論完全一樣。

再舉個很簡單的例子：家長告訴孩子期末考試考進前十名就給孩子買台電腦，那麼孩子暫時會為了獎品衝刺，但是這種刺激會使孩子漸漸喪失了對學習本身的興趣，屬於釜底抽薪的行為。真正想讓孩子學業上有長進，就得培養孩子自主學習的精神，讓他們對探索未知世界、解決難題本身有興趣才行。

【名人談教育】

生活、工作、學習倘使都能自動，則教育之收效定能事半功倍。所以我們特別注意自動力之培養，使它關注於全部的生活工作學習之中。自動是自覺的行動，而

他不是你的棋子
從小做孩子的知心好友

不是自發的行動。自覺的行動，需要適當的培養而後可以實現。

——陶行知

表揚孩子的每一點進步

同樣的生存環境，為什麼有的人成功而有的人失敗，這是心態的積極與消極所致。羅丹曾說：「生活中不是缺少美，而是缺少發現美的眼睛」。那麼，就讓我們去做那雙善於捕捉孩子閃光點的眼睛，用放大的眼光去看孩子的優點，用縮小的眼光看孩子的缺點，讓優點同化缺點，缺點轉化為優點。讓孩子能愉快的學習，樂觀的生活。相信自己，也相信我們的孩子——好孩子是誇出來的。

1. 不要強調結果和無法改變的特質，而要強調在進步過程中付出的努力。

比如孩子取得了好成績，誇獎孩子：「你真聰明！」是不合適的，應該誇孩子用心看書、很用功、考前做了充分準備。因為一個人聰明與否是天生的，孩子自己無法改變，而努力認真卻是孩子可以透過自律做到的，表揚強化了他認真準備的行為，下一次他會再接再厲。

誇獎聰明等特質或天賦會助長孩子的自負心理，而不再去努力，甚至以賣弄聰明的方式來討大人的喜歡，久而久之，孩子會變得自大浮躁，進而看不上不聰明的同學，而當遇到比自己更聰明的人時，又會產生自卑感。如果大人的著重點放在獎賞孩子認真努力的行動上，他會意識到好成績是由踏踏實實的努力得來的。

2. 多讚揚孩子的品質和具體的優點。

如果你誇一個女孩漂亮，她會將漂亮視作一種資本。誇她漂亮就不如說「你笑得真甜，你很有禮貌。」因為外表不是她能決定的，大人在意外表，會讓孩子以為天生的漂亮是值得驕傲的資本，進而看不起長相平平甚至醜陋的孩子，會使孩子在觀念上產生混淆，對她的成長不利。而微笑有禮貌這都是她能夠透過努力做到的，

外界的表揚強化她的禮貌行為，她就會成長為一個總是面帶笑容的有禮貌的孩子。

比如一個孩子數學學得不好，父母要鼓勵他下一次考及格，如果他真的及格了，父母要和孩子討論的是成績為什麼提高了，從中找到他努力學習的痕跡進行表揚，對孩子付出的心血進行讚賞，不能單單去強調「及格了」這個結果。

3. 不能為了讚揚孩子而給孩子設立過高的目標。

有了表揚，孩子就有進步的動力。父母尤其應該注意的是，給孩子設立的目標不能超出孩子的能力之外。每個孩子的能力都不盡相同，表揚能夠讓孩子做一件事更有熱情更有興趣更加努力，但是最終結果卻不會超出他的能力之外，父母對此要有清醒的認識。如果你設立的目標孩子無論怎麼努力都難以達到，最終會使孩子陷入沮喪和自我貶低之中，到最後破罐子破摔，管它什麼表揚還是批評都不會管用了。

【名人談教育】

如用幾句話來表達家庭教育學的全部精華，那就是要使我們的孩子成為堅定的人，能嚴格要求自己。我在這裡似乎有點誇張地說：若請他參加婚禮，即使那裡所有的人都喝成醉鬼，他母親相信自己的孩子會清醒著回家。

——蘇霍姆林斯基

在理解孩子的基礎上進行讚美

要讚美孩子就要了解孩子，無論有什麼樣的結果，都要對孩子的付出表示理解。在日常生活中，注意觀察孩子的行為舉止，喜好憎惡，在他與別人玩耍、交談或在自己閱讀、遊戲時，可以察覺出他雖不愛彈琴卻喜歡繪畫，雖沒有耐心卻有創意，雖不善言辭卻很熱心，把這些蛛絲馬跡記錄下來，你就能歸納出孩子的性格趨向或者擅長的一面，從而誘導啟發他。

任何優點都要在行動中有所表現才能被大家看到，並且承認。創造機會了解孩

他不是你的棋子
從小做孩子的知心好友

子的性格趨向與喜好之後，別忘了給他機會多加練習。比如，家人生日時，鼓勵每個人表演一個節目，每週一晚上輪流朗讀短文並發表心得，讓孩子把當天經歷的有趣的事敘述一遍或記錄下來……更重要的是，隨時創造機會讓孩子幫你的忙，只要是他力所能及的，如洗碗、拖地、收衣服等。這樣越做越熟練，越有信心，孩子才不會退縮在自卑自閉的角落裡。

1. 不要讓對孩子的期待變成孩子的壓力，不要事先讚揚。

舉個例子來說，考試前，很多父母都喜歡對孩子說：「我相信你，你肯定能考好，爸爸媽媽等著聽你的好消息。」這樣表面看似鼓勵讚揚的話實際上會給孩子增加壓力。經常聽到某某考生臨場發揮不好，都是孩子心理承受了太大壓力所致。父母應該告訴孩子：考試就像平時做作業一樣，要有平常心，發揮出自己的水準即可。

2. 父母不要有「成者王侯敗者賊」的思想，只要是孩子確實努力了，失敗後也要鼓勵。

很多父母對孩子難免有些「勢利」，在孩子取得了成績時給予表揚鼓勵，失敗了就批評責難。實際上當孩子失敗的時候，更需要父母的支持和肯定，這是培養孩子健全人格和良好心理素質的關鍵。

有個孩子從小就練習柔道，水準已經相當不錯了。在參加一場很重要的柔道比賽時，他竭盡全力，可是還是在最後關頭以微小差距輸了。這時候，他爸爸沒有露出絲毫失望之色，上來使勁摟住他說：「兒子，太棒了！和對手拚到了最後一秒鐘，我為你勇敢頑強的精神而自豪！」這個孩子因為爸爸的鼓勵，在比賽場上變得越來越敢打敢拚，後來得了少年比賽的冠軍。而最大的收獲是他在做其他事情時也是充滿了不畏失敗、堅韌不拔的精神。

失敗不等同於就該受到指責和懲罰，當然如果沒有努力，另當別論。父母要鼓勵孩子不害怕失敗，不追求完美，敢於嘗試直至成功。從失敗中建立起來的成功會讓孩子變得自信強大。研究顯示，在競賽中後來居上者一般比一路領先者更有自信。

【名人談教育】

一生的生活是否幸福、平安、吉祥，則要看他的處世為人是否道德無虧，能否作社會的表率。因此，修身的教育，也成為他的學校工作的主要部分。

——裴斯泰洛齊

他不是你的棋子
從小做孩子的知心好友

第 9 章 掌握處理孩子情緒的技巧

培養 EQ 先從家長做起

　　家長的情緒能夠嚴重影響孩子情商的發展。如果父母的情緒難以琢磨，孩子們會感到不安全和焦慮。如果父母某天對某種行為視而不見，而過幾天又因為同樣的行為大發雷霆，孩子們會無所適從。如果父母是因為其他事情著急而遷怒於孩子們，那麼孩子們可能會因為覺得受到不公對待而產生憎恨情緒。如果父母經常發脾氣或情緒不好，孩子們會有一種威脅感，會覺得害怕。父母的情緒直接影響孩子們的行為，所以父母在意自己的情緒就很重要。

　　1. 指導孩子功課要有耐心。

　　講解題目的過程需要思考，而怒吼卻恰恰把孩子引向了害怕、委屈、憤怒和抗拒，他的精神完全被這些負面情緒所占據，還怎麼能夠靜下心來思考？憤怒損耗能量，當父母發怒的時候，自己已經不可能靜下心來為他解題了，而父母的憤怒又點燃了孩子的憤怒，結果雙方都是既傷身，又傷心，最後不歡而散，造成學習草草結束這一後果。

　　2. 不要用斥責的語氣對待孩子。

　　當我們用指責的口氣批評孩子時，孩子一定會產生抵觸情緒，結果事與願違。我們為什麼不能換一種方式呢？我們可以這樣和孩子交流「我剛講的內容，你又做錯了，是不是剛才媽媽沒有講清楚？」事實上，孩子忘了，很多時候就有家長自身的原因，也許確實是家長沒講清楚。寬容、善意，這些對待人的基本準則，也應該用在孩子身上，不能因為他比我們弱小就可以隨便吼他。再小的孩子也是會反抗

的，惹不起，躲得起，他可以不問你，不讓你知道他不懂，天下很多很多的孩子不就是這樣的嗎？

4. 讓孩子「怕」不是值得驕傲的事。

不少父母總是很驕傲地說：「我家那孩子，特別怕我，我只要一瞪眼，他就嚇得不敢大聲喘氣。」讓孩子怕，是父母值得驕傲的事兒嗎？怕其實也是一種反抗、一種逃離。粗暴從來不會導致和諧，當孩子弱小的時候，他只有怕，只有忍讓，但當他強壯了，反抗的方式就會不止於此，你還能拿他怎麼樣？「怕」就是對抗的開始。其實，我們解決問題才是主要的，指責不僅解絕不了問題，還會把問題搞得更複雜，更糟糕，得不償失。

【名人談教育】

習慣真是一種頑強而巨大的力量，它可以主宰人的一生，因此，人從幼年起就應該透過教育培養一種良好的習慣。

——培根

以退為進，冷靜處理

家長不要輕易對孩子發脾氣，同時，也不能被孩子的「脾氣」牽制。孩子鬧情緒耍脾氣是很常見的，一些家長見不得自己的孩子受委屈，孩子一哭一鬧，家長就妥協了，馬上答應孩子的要求，這實際上是一種錯誤的溺愛行為，長此下去，小孩的行為得到助長，後果反而更嚴重。以後他想要怎麼樣，就會鬧情緒耍性子不達目的不罷休。

對於這種孩子家長要會冷處理。比如在孩子玩的時候，時間太晚了，應該回去了，孩子不肯，哭鬧著不肯走。這時候，家長可以不管孩子，自己在回家路上走，等孩子跟上來後，也不要理他，讓他自己意識到錯誤或者主動來牽家長的時候再原

諒他。這樣孩子就能知道自己的要求不對，以後也會適當注意。至於一些特別會哭不講道理的小孩子，家長千萬不要心軟，讓他哭這樣幾次之後，他知道就算他哭得再兇，爸爸媽媽也不會答應他的無理要求，以後也不會再犯同樣的毛病。

控制情緒的方法：

1. 發怒時，採取暫時迴避的態度。

孩子惹人生氣是常事，當你氣得快吼出來了，請離開一會兒讓自己稍稍安靜一些。為何有的家長會把孩子打傷打死？是因為打孩子是在宣洩自己的情緒，壞情緒的宣洩一定要在徹底宣洩完之後才會痛快。所以一旦壞情緒開始釋放，就很難控制住了。那麼我們必須要在第一時間不要讓它發生；最好的方式就是離開情緒現場。

2. 用想像法暗示自己。

在想要發火前，請及時暗示自己，我的情緒在頂樓，我得乘電梯下去，現在已經降到二樓。當情緒能夠從最高層下降的時候，我們也就容易掌控情緒了。

3. 調節氣息，深呼吸。

深呼吸可以讓人平靜。透過呼吸讓自己平靜下來，讓自己的情緒不再失控。很多和情緒有關的詞兒都和「心」有聯繫。比如「憤怒」「憂愁」。最近有科學家發現，我們人體大概有四萬個神經和大腦相通。當你調整呼吸的時候，它們會有助於我們情緒的管理。

4. 發怒時讓自己重新思考。

向自己提問，問自己三個問題：我為什麼要生氣？我生氣是否能解決問題？如果不能解決問題，我應該選擇什麼方法來解決問題？

當然情緒不是那麼容易控制的，這需要家長長時間的自我調整。如果我們家長能把其中的任何一種方法慢慢形成一種習慣的話，那麼我們的情緒也就不是那麼難控制的了。

他不是你的棋子
從小做孩子的知心好友

應懂得接納孩子的情緒

孩子不信任父母是沒有從父母這裡得到足夠的安全感。隨著時間的流逝，當孩子從父母這裡得到所需的支持和信任的時候，便會感到安慰。他與父母在一起的時候會覺得安全。親子交流溝通一個最厲害的武器，就是接納孩子情緒。接納孩子情緒就是無論孩子在悲傷、孤獨或興奮、快樂時，家長能夠給予孩子關注、尊重和理解，而不是立刻反對他的情緒。

接納情緒不是任由孩子發脾氣，而是先接納，再想辦法改變。就是先順著對方的意思，然後把自己的意思說出來。而關注、尊重理解孩子的情緒，方法就是換位思考，我無法說明換位思考到底多麼重要，每一天我都在用這個方法。換位思考就是理解的前提，很多時候就是理解本身。而接納孩子情緒這個方法，是所有方法中運用最多的，既可以單獨運用，也可以和其他方法一同使用。人喜歡的是他自己，其次是喜歡像自己的人。接納了孩子的情緒，孩子就會喜歡你、信任你，從而願意聽你的建議或看法。

這裡有三個接納孩子情緒的方法，當然，方法是死的，大家要靈活變通：

1. 用「是嗎？」「嗯，我明白了」等表示接納。

贊同的語氣可以讓孩子從心裡接近你、信任你，有些時候這些簡短的話，就可以換來孩子的平靜心情，有時候呢，之後可以說出你自己的關心或看法。

孩子放學回家，說了一句話：作業太多了，累死我了。擅長接納情緒的父母會說：是嗎？在沙發上休息一下吧。而不懂得教子方法的家長，可能會說：我還沒有

聽說過上學會累死的。再舉例，孩子擔心考試發揮不好，理解孩子的父母會說：嗯，我知道了。爸爸小時候參加考試，總是先把心情放鬆，然後考試前靜坐三分鐘，然後盡量發揮。而有的家長可能會說：平時都不用功，害怕了吧？活該！

2. 用和孩子相同的感受回應，比如稱讚孩子。

不要吝惜溢美之詞。孩子考試成績很好，合格的媽媽會說：好孩子，媽媽真為你高興，你是最棒的！這是你平時的努力和汗水換來的成果，相信下次你會更好的！不懂得方法的家長可能會：小小成績你就沾沾自喜，成不了大氣候。或者，當孩子遇到問題，表示悲傷時，爸爸媽媽可以在表情上表示自己的擔心並且說：孩子，怎麼了，遇到了什麼問題？說給爸爸媽媽聽好嗎？

3. 發揮想像，大事化小小事化了。

例如，孩子把顏料瓶打翻了，畫布上變得亂七八糟，媽媽可以笑瞇瞇地說，要是吹口仙氣能復原就好了。孩子的壞心情馬上就飛了。

【名人談教育】

道德教育的核心問題，是使每個人確立崇高的生活目的……每日好似向著未來闊步前進，時時刻刻想著未來，關注著未來。由理解社會理想到形成個人崇高的生活目的，這是教育，是情感教育的一條漫長的道路。

——蘇霍姆林斯基

給予孩子情緒支持

為人父母者都希望孩子時刻保持活潑、好學、懂事、乖順。當孩子情緒低落、大哭大鬧、發脾氣、不上學時，我們常常感到無計可施，自己的情緒也變得惡劣，只能拿出父母的權力，採取「高壓政策」，簡單粗暴地對待孩子。當孩子哭泣的時候，當孩子恐懼的時候，當孩子發脾氣的時候，當孩子憤怒的時候，我們怎麼辦？

他不是你的棋子
從小做孩子的知心好友

怎樣做對孩子最有幫助？

傾聽是很重要的，這不意味著你縱容他，你只是在幫助他擺脫不良情緒。你的傾聽，可以逐漸減弱不良情緒對孩子的控制，一旦完成整個傾聽過程，孩子自己良好的判斷力就會得到恢復。傾聽一個孩子的哭鬧，對孩子的成長極為有益，本身也並不複雜，但是實踐起來卻並不容易，這需要成人有十足的耐心，能理解孩子。

壓抑的後果是很嚴重的。有調查說，現在患抑鬱症的孩子越來越多。這些孩子遇到不快，他們不向他人合理表達自己的情緒，遇上困難也很少向別人求助，習慣壓抑自己，不讓他人知曉。久而久之，問題得不到解決，不良情緒得不到宣洩，就容易患心理疾病。

有情緒沒關係，關鍵要給予孩子幫助。不要有太多的訓斥、責難、教育，讓孩子有機會獨自處理自己的情緒。孩子只對自己有體驗的事物才有感覺，在不快樂中學習處理不快樂，在憤怒中控制調適自己的心情，在沮喪中學習振奮自己，給孩子留出自由的時間和空間，不要急於參與處理孩子的情緒。媽媽不要一看孩子不高興了，憤怒了，沮喪了，就去干預。只要孩子的發洩沒有傷害自己和他人，也沒有損壞東西，哭，就讓他哭；怒，就讓他怒；憂，就讓他憂……讓他自己有一個自由釋放的空間和時間，在體驗中學習管理和宣洩情緒。當然這不是完全讓孩子的情緒失控，合理宣洩，也包括讓孩子在體驗中學會適度控制和調節情緒。

一個女孩子養的寵物狗不小心死了，她非常心疼難過，甚至第二天不能去上學。媽媽沒有強迫她，很理解地對女兒說：「心裡難過今天就不去了。」她知道孩子在學校裡，想起她的狗狗會難過，面對同學老師又不能盡情流淚。在家一天的時間裡，媽媽給了女兒獨自面對痛苦的時間和空間，使孩子的難過情緒得到了宣洩，眼淚有時是很好的「情緒治療劑」。

讓各種情緒自然而合理地流露是最好的方式。允許這些情緒的存在，化解它，而不是壓抑它。傷心時，讓他哭出來；憤怒時，引導他找到合理的排解管道。當然，

這區別於孩子以哭鬧為手段去達到自己的某種需求，後者是要規勸的。所以，我們需要提醒自己，留意在我們的家庭生活中，是不是經常存在否定和壓抑感情的現象。在反省中，幫助我們的孩子在感情發展上得到正常的舒張，而不是過分的壓抑和傷害。

【名人談教育】

追求理想是一個人進行自我教育的最初的動力，而沒有自我教育就不能想像會有完美的精神生活。我認為，教會學生自己教育自己，這是一種最高級的技巧和藝術。

——蘇霍姆林斯基

正確對待孩子的負面情緒

孩子有了負面感受時，父母應該怎麼做呢？這時，最需要的是父母接納和尊重他的感受。有四個超級技巧：

1. 安靜專心地傾聽。

2. 用簡單的詞語回應他的感受。

3. 說出他的感受。

4. 用幻想的方式實現他的願望。

也沒有必要對孩子的任何一句話都產生共鳴。我們與孩子的對話大多都是些生活瑣事，比如，孩子說：「媽媽，我今天放學後要去大衛家。」這時候，媽媽沒必要回答他：「哦，你決定下午去朋友家啊？」只需要簡單地說「謝謝你告訴我」，就足夠了。只有當孩子期望我們了解他們感受的時候，再和孩子產生共情。回應孩子的正面感受其實並不難。比如：孩子興奮地告訴你：「我今天得到老師的表揚了！」家長只需要用同樣的語氣回應他：「真棒啊！你一定很開心噢！」

他不是你的棋子
從小做孩子的知心好友

　　有很多家長對孩子的負面情緒不夠重視，或者不知道怎樣去處理。當面對孩子的負面感受時，則需要我們使用溝通技巧。我們需要拋棄以往常用的忽略、否定、說教的方式。孩子的心理感受和身體一樣需要得到及時認真的關注。當你開始設身處地地把孩子的傷心、難過等負面感受想像成孩子身體上的傷痛時，你對孩子的情感需求就會變得敏感起來。

　　孩子不喜歡向一個不了解自己的人敞開心扉。當孩子難過的時候，我們說「看起來你好像很難過。」對孩子會很有幫助。而不是「怎麼了？」或者「你為什麼有那樣的感受？」孩子更容易和一個接納他們感受而不是逼著他們做出解釋的成人溝通。孩子需要我們「回應和了解」他的感受。類似「你做得對」這樣的回應方式，也許能讓孩子得到暫時的滿足，但是，卻妨礙了孩子對自己的反省。如果接納孩子的感受，就能讓孩子積極地思考問題。如：

　　一天放學後，孩子萬分沮喪地說：老師說要取消我們的表演。她真討厭！家長：那你一定很失望。你期待了那麼長時間！孩子：是啊。就因為彩排的時候，有幾個同學搗亂。那也是他們的錯啊！家長繼續安靜地聽。孩子：而且大家都不知道自己該演什麼。老師很生氣。家長：原來是這樣啊。孩子：她說如果我們好好演，就再給我們一次機會，我準備再複習一次我那部分。你今天晚上提醒我，好嗎？

【名人談教育】

　　志向是天才的幼苗，經過熱愛勞動的雙手培育，在肥田沃土裡將成長為粗壯的大樹。不熱愛勞動，不進行自我教育，志向這棵幼苗也會連根枯死。確定個人志向，選好專業，這是幸福的源泉。

——蘇霍姆林斯基

幫助孩子學會表達情緒

家長的任務是協助孩子成長，而不是替代。並為家長提出了協助孩子成長的五條建議。教會孩子準確表達情緒和感受。表達情緒是溝通的前提，情感上沒有合作的話，說什麼都聽不進去。當感覺孩子成績不好時，首先要認同孩子的情緒，其實他自己已經夠難過了，要教會他表達，他是感到失敗？感到沒面子？感到自己笨？要讓他說出來。

1. 說出你所感受到的孩子的情緒。

例如：「寶貝，我看到你很傷心的樣子，告訴我發生了什麼事？」或者：「你看起來不太高興，什麼事讓你生氣呀？」

作為處理情緒的第一步，「肯定」的意義是向孩子表達「我注意到你有這個情緒，並且我接受這個有情緒的你。」無論孩子怎樣回應你，你都應該讓孩子知道，你尊重並完全接受他的感受。

2. 先處理情緒，後處理事情。

孩子們對情緒的認識不多，也沒有足夠和適當的文字描述情緒。你可以提供一些情緒詞彙，例如：「那讓你覺得擔心，對嗎？」或者：「你覺得被人冤枉了，很憤怒，是嗎？」認識到這些情緒的存在，孩子便更容易了解和處理他們所面對的事情了。孩子需要一些時間去表達他的感受。耐心些，當孩子正努力地說出情緒時，不要打斷他，鼓勵他繼續說下去。當孩子有足夠的情緒表達後，你會發現孩子的面部表情、身體語言、說話速度、音調、音量和語氣等都變得舒緩了。待孩子的情緒稍微平靜下來後，就可以繼續引導他說出事情的細節了。

3. 為孩子的過分行為設定範圍。

要為孩子的行為設立規範，即劃出一個明確的範圍，裡面的是可以理解或接受

的，而外面的則是不合適和不能接受的。

比如孩子受挫後打人、罵人或摔玩具，在了解這些行為背後的情緒並幫他描述感覺後，你應當使孩子明白，某些行為是不合適的，而且是不被容忍的。重要的是讓孩子明白，他的感受不是問題，不良的言行才是問題的關鍵。所有的感受和期望都是可以被接受的，但並非所有的行為都可以被接受。

「你對亮亮拿走你的遊戲機很生氣，媽媽明白你的感覺。但是你打他就不對了。你想，你打了他，現在他也想打你，以後你倆就不能做朋友了，對嗎？」

4. 策劃

人生的每次經驗都會讓我們學到一些東西，使我們更有效地創造一個成功快樂的未來。不明白這個道理的人，總是抱怨人生處處不如意。而明白這個道理的人，則不斷進步、享受人生、心境開朗、自信十足。要引導孩子找出更恰當的方法來處理負面的情緒。先問孩子他想得到些什麼，比如，不想讓遊戲機被別人拿走。然後與孩子一起討論解決問題的方法。

【名人談教育】

生活、工作、學習倘使都能自動，則教育之收效定能事半功倍。所以我們特別注意自動力之培養，使它關注於全部的生活工作學習之中。自動是自覺的行動，而不是自發的行動。自覺的行動，需要適當的培養而後可以實現。

——陶行知

認可孩子的情緒感受

如果只是簡單地說「我了解你的感受」，孩子並不相信你。他們可能會說「不，你根本不了解！」但是，如果能把問題細化，比如：「上學的第一天是有些緊張，那麼多新東西需要去適應」，那麼孩子就知道你真正理解他。

1. 父母也要「勇敢」，不要怕猜錯孩子的感受。

猜錯了也沒有關係。孩子會很快把你糾正過來的。例如，孩子：「爸爸，我們的測驗推遲到下週了。」爸爸：「那你就可以悠閒幾天了。」孩子：「不，我不高興。同樣的功課還得再學一個星期。」爸爸：「哦。你是希望趕快考完」。孩子：「對！」

不必要求自己每次都對他人的感受做出準確的判斷。我們能做的就是盡量去理解孩子的感受。雖然不一定每次都成功，但孩子能體會到我們的努力。

2. 當孩子說「你討厭」或者「我恨你」時，引導孩子換一種表達方式。

如果「我恨你」這樣的話讓你感到難過，你也應該讓孩子知道你的感受。「我不喜歡我剛才聽到的話，如果你對什麼事情生氣了，可以用另外的方式告訴我。也許我能幫你。」

3. 孩子發怒時，要教會他們採用合理的宣洩管道。

當孩子處於極度難過的時候，身體上的發洩可以幫助他緩解痛苦，比如砸枕頭、摔舊紙箱、捏陶泥、大吼大叫、扔飛鏢等等。之後，他會慢慢安靜下來。還有一個方法既能讓家長感覺舒服，又能讓孩子滿意，那就是「畫出心裡的感受」——給孩子紙和筆，對他說：「來，告訴我你有多生氣，把你的感受畫出來。」最重要的是，當孩子砸東西、摔東西或者亂畫時，你能在他身邊，讓他知道即使是最極端憤怒的感受也是被接納和理解的。

接納孩子的所有感受，是不是意味著他做的任何事情都是對的？這樣做是不是在溺愛孩子？只有當孩子的所有行為都被許可時，才會變成溺愛。而接納孩子的感受並不意味著允許他做你不能接受的事情。例如：當孩子用勺子在飯碗上亂敲時，你可以對他說「這樣挺好玩的吧？」隨後，你應當拿走勺子和碗，並告訴他：「飯碗不是用來敲的，如果你想敲，可以去敲你的小鼓和木琴。」當孩子的感受被接納和理解了，他也就更能遵守我們為他設立的界限。

4. 沒有形成共情的習慣不要緊，要勇於糾正自己。

和孩子相處的日子很多，我們總能找到機會對孩子說：「我想了想，你剛才告訴我同學在操場捉弄你的事情，是挺讓人生氣的。」或早或晚，我們和孩子產生共情總能被孩子體察到的。

【名人談教育】

教育中應該盡量鼓勵個人發展的過程。應該引導兒童自己進行探討，自己去推論。講給他們聽的應該盡量少些，引導他們去發現的應該盡量多些。

──史賓賽

應這樣平衡孩子的情緒

當孩子的某些想法或行為是錯的，家長應該怎麼糾正，如何和孩子溝通呢？首先，接納孩子的情緒；第二，用中性的語言不加評價地描述孩子的想法、行為或要求；第三，表述家長的看法或告訴孩子他的想法、行為或要求給家長帶來的困擾、感受和狀態。在這個步驟，孩子可能會為家長著想，自覺讓步；第四，必要的時候，提出期望。這個公式，需要大家靈活變通。比如有時候可以簡化為：接納→看法→期望。

華華在學校和老師起了衝突。父母這樣說：華華，我知道你現在心裡面很難過，我知道你是個好孩子，也知道你喜歡獨立思考，你一定有自己的看法對嗎？當我知道你今天和老師頂嘴時，我心裡覺得好難過，因為站在老師的立場上，是為了讓你提高學習成績，是不是？你這樣子反對他，無論是他還是我，大家心裡都很難過。下次再和老師交談，我們心平氣和地說好嗎？

這種先肯定再感化的方式，是一個有名人物慣用的絕招，這個人是誰？這就是卡內基的絕招，人際關係第一權威的人際關係絕招。可是，卡內基也提到了這個方

法必須要注意到的問題，就是要慎用一個詞，這個詞就是——但是。舉例，如果你說：某某，這次你的成績進步了，我們都很高興，但是，如果你能多加強一下代數，那就更好了。受到鼓舞的某某，在聽到「但是」這個詞的時候，很可能會懷疑到前面的讚美之辭，即使不懷疑，讚美的效果也大打折扣。也要注意「但是」的某些同類：就是、不過等。

另外，多用疑問句和孩子溝通，讓孩子的頭腦自行思考、創造。

當孩子不願意去完成他應該做的事情時，應該怎麼處理呢？

1. 在輕鬆的氣氛下，用幽默提示。

比如說，孩子應該洗澡了，可是他仍然遲遲不肯行動，你可以模仿機器人走路的樣子和說話的聲音，對他說：先生，請您洗澡了！這個方法能夠傳達愉快的情緒，調動孩子的積極性，提醒他去做應該做的事情。

2. 要讓孩子看到正確做事的希望和不正確做事的嚴重後果。

有時候孩子不去做某件事情，是因為痛苦不夠。比如我的孩子有時候喜歡躺著看電視，我覺得這樣長期下去會近視，於是我就告訴他，孩子，這樣看電視會近視，別人都會嘲笑你的，

我們可以給孩子快樂，比如想讓孩子讀書，可以告訴他，只有透過學習認識文字，才能更好地看漫畫。看漫畫就是一種快樂。痛苦法和快樂法，可以單獨運用，也可以合併使用。

【名人談教育】

教育兒童透過周圍世界的美，人的關係的美而看到的精神的高尚、善良和誠實，並在此基礎上在自己身上確立美的品質。

——蘇霍姆林斯基

關心孩子的情感需求

．．．．．．．．．．．．．．．．．．

情感的健康與否在很大程度上決定了孩子是否有健康的性格。豐富而健康的情感是人們精神生活得以高度發展的必要條件。沒有人類的情感，就沒有人類對真理的探求，家庭教育不僅是認識的過程，更是情感交流的過程。國內外的許多研究資料表明：孩子有很多情感需要。家長需要滿足孩子的各種情感需要，才能使其人格得到健康的發展。

1. 愛與被愛的需要。

父母要經常給孩子鼓勵、讚揚的表情或親切、溫和的問候，對他提出的正當要求盡可能熱情、友好地接受並幫助解決，從而讓他感受到：父母喜歡我，希望我能進步。

2. 取得好成績的需要。

不要總是打擊孩子。如果孩子在日常生活中老是體驗失敗的感受，他就會變得灰心喪氣。因此，父母一方面應注意向孩子提出的要求不宜過高，以免超出孩子的能力限度而使他受挫，另一方面，在提要求時要考慮孩子的特長，使他能夠在某一方面取得進步或成績，並享受到由此帶來的樂趣。

3. 在集體中獲得歸屬感的需要。

只有在集體中孩子才能健康成長。孩子往往很喜歡和別的小朋友一起玩，一起學習，在集體中得到快樂。如果長時間獨處，孩子的情緒就會受到壓抑，產生抑鬱情緒。父母應該設法為孩子創造與同伴共同遊戲、學習的機會和條件。即使他暫時不得不離開集體，父母也要設法透過捎口信等多方途徑，讓孩子了解到小伙伴對他的思念，從而讓他時刻體驗到集體的溫暖。

4. 從獨立自主中獲得自尊的需要。

很多事情孩子能自己決定的就讓他自己決定。孩子學什麼、怎樣學，玩什麼、怎樣玩等不應由父母硬性規定。父母應明智地激發孩子自己開動腦筋去想去做，並讓他在自我評價中增強責任感。孩子一旦有了進步，則應及時做出肯定的評價和積極的鼓勵。

5. 擺脫過失感的需要。

要給孩子改過的機會。有些孩子犯了過錯或經歷了幾次失敗，就精神不振，父母此時若再盲目指責，就更容易使其形成壓抑的心態。因而，父母要心平氣和地對待孩子的過失和失敗，讓他知道，每個人都會犯錯誤，只要改正了就是好孩子。

情感的建立會形成一種無聲的教育動力，情感過程也是相互影響、相互作用的過程。父母心裡有了孩子，孩子和父母在一起就產生了親切感，父母尊重、理解、關心孩子，孩子就更加尊敬父母。這樣不僅可以促使孩子自覺地接受父母的教誨，還可以使孩子的學習興趣得以提高，良好的學習習慣得以養成。

【名人談教育】

科學書籍讓人免於愚昧，而文藝作品則使人擺脫粗鄙；對真正的教育和對人們的幸福來說，二者同樣的有益和必要。

——車爾尼雪夫斯基

他不是你的棋子
從小做孩子的知心好友

第 10 章 應這樣看待孩子的學習和成績

遵循孩子的大腦規律明確上學的新價值

　　我們上學的唯一目的似乎就是應付各種考試。為什麼我們的學生特別會考？為什麼西方人的孩子特別會思考？是什麼原因導致這樣兩種截然不同的教育效果？

　　我們的家長在孩子上學前總不忘囑咐一句：「孩子，上學要聽老師的話！」。當孩子放學回來之後又會問：「孩子，你今天在學校學到了什麼？」而西方人在孩子上學時最喜歡問的是一句話是什麼呢？他們的家長一般會問：「孩子，你今天到學校準備解決什麼問題？」孩子放學回來後又會問：「問題解決了沒有？」就是這樣兩句不同的囑咐和問候造就了兩種截然不同的教育效果：我們的家長希望孩子「聽話──學到的知識越多越好──考上好大學──成為國家棟梁之才！」而西方的家長卻希望孩子「學習要有自己的計劃──主動學習──直至自己解決問題。」

　　整個社會對教育的要求勢必影響老師的發揮。西方學校需要真正的專業老師就可以，只是隨著學校層次的不斷升高，要求的專業化程度越來越高──其目的是為了能滿足學生的提問、幫助學生解決實際問題。

　　透過我們日常接觸到的家長的關注點，顯然可以得出這樣的結論：我們的孩子到學校的目的是為了「求學、求知」；而西方的孩子到學校的目的是為了解決自己想解決的問題！顯而易見：我們的孩子到學校的學習目的沒有西方人明確。其次我們的孩子到學校不如西方人主動，我們的孩子是在老師的講授和提問下得到知識和學會思考；而西方人是「自己想解決什麼樣的問題──找什麼途徑怎樣解決」，自己早已胸有成竹。

他不是你的棋子
從小做孩子的知心好友

因此依舊不難理解，我們的教育之所以造成「高分低能」、「讀書無用論」的現象，一個重要的原因就是學生盲目「求學求知」，連學習到底是為了什麼都沒有明確，到頭來落個一肚子「知識」卻沒有半點用處的地步。

雖然個人的力量不可能徹底顛覆傳統的教學模式，不過作為家長要做到兩點：第一，你的孩子是個怎樣的孩子？在哪方面最有潛力？你希望你的孩子以後長成怎樣的人……這些問題做家長的首先要明確。只有做家長首先明確了，才不至於讓孩子上學那麼盲目。其次，要考慮教育孩子的方法。在這方面的建議是：要充分尊重孩子自己的選擇，幫助制定每天的學習計劃，千萬不要什麼事情都由做家長的包辦；給予適當的監督，幫助孩子完成自己的學習計劃。

【名人談教育】

真正的教育者不僅傳授真理，而且向自己的學生傳授對待真理的態度，激發他們從善良事物中受到鼓舞和欽佩的情感，對邪惡事物的不可容忍的態度。

——蘇霍姆林斯基

不要以分數高低論英雄

有的家長就像主管一樣，每次考試都會要求孩子達到九十五分、九十八分以上，甚至要求達到滿分，達到了就表揚、獎勵，否則就批評、訓斥。可是，卻很少有人注意孩子是否對讀書感興趣。片面追求分數的高低，而忽視了學習興趣等非智力因素的培養。這種做法實際上是置孩子的主體性於不顧，把孩子當成知識的容器機械灌輸。結果就是，孩子缺乏主動性和創造性，情緒低落，自學能力弱，應變能力差，最終往往不可避免地成為學習、工作和生活中的弱者。

要求孩子取得好成績，這本身沒錯，可是不能片面追求。是否能真正提高學習成績，關鍵還在於學生有沒有學習積極性、主動性。某次考試的好成績只是一種暫

時現象，強烈的學習興趣才能使孩子處於不斷進步的狀態，甚至永遠立於不敗之地。因此，家長不能只是單純地關注學生的考試分數是否達到多少分以上，而應該關注孩子是否具有強烈的學習興趣和養成良好的學習習慣，從發展的角度來看，這些遠比考試成績更重要。

分數如果不是知識的證明而成了枷鎖，是無法讓孩子感受到求知的樂趣的。在學校裡，考試是教學工作過程不可缺少的重要環節之一，習慣地透過書面方式，檢查學生所學知識的掌握程度。程度如何，好像都表現在考試分數上。分數的高低，無論對學生、家長、教師及旁人都是最為直接，被認為是至關重要的。尤其是學生，他們不得不接受「分數就是命」這一不能迴避的現實。

按成績評定人的做法，不斷給學生帶來分數競爭的壓力，使不少學生陷於分數焦慮之中，也使不少學生和家長只關注考多少分，卻忽視了查找學習中存在的問題。用分數的高低來衡量學生智力的強弱，斷定知識掌握的程度，最終劃分優劣。這種做法似乎很正常，但實際上卻是極為片面的。

不要憑成績單方面評價孩子，而是要發現和發展孩子多方面的潛能，了解學生發展中的需求，幫助孩子認識自我，建立自信。發揮評價的教育功能，促進孩子在原有水準上的發展。真真正正掌握的知識與考試分數是絕不可以直接劃上等號的。而且考試分數的高低，與平時的授課、試前的複習、身體狀況、教師的評分等因素是密不可分的。

【名人談教育】

成功的科學家往往是興趣廣泛的人。他們的獨創精神可能來自他們的博學。多樣化會使人觀點新鮮，而過於長時間鑽研一個狹窄的領域，則易使人愚蠢。

——貝弗里奇

愛孩子是沒有條件的

成就來源於自信，對自我價值的認知。自我價值，是一個人認為自己有價值的程度，或者說，是一個人喜歡自己的程度。當一個人認為自己是有價值的，他就會喜歡自己，尊重自己，從而對自己的行為負責，於是產生努力上進的想法和動力。而當一個人缺乏自我價值感，他會認為自己的生命無意義，會厭倦生活，會瞧不起自己，導致破罐子破摔不負責的行為。

雖然每個父母都愛自己的孩子，但由於愛的方式不同，給孩子心靈的影響也截然不同。父母正確的愛，是催人向上的無比強大的力量，而父母錯誤的愛可能導致孩子畏縮不前不思進取。因此，作為家長，必須學會用正確的方法愛孩子。

1. 在適當的時候學會放手。

孩子小的時候，家長以為他什麼都不懂，往往過分地溺愛，有求必應，尤其是怕孩子受傷害，不讓孩子幫大人做家事，更不讓孩子參加有危險的遊戲和活動。家長的這種做法，使孩子幼小的心靈產生他們很無能的感覺，感覺他們不如大人，從而使自我價值降低。

2. 不因為孩子的「不好」而厭棄他。

當孩子長大了，家長就開始了各種各樣的「要求」。特別是孩子上學後，很多家長對孩子的愛又變成了有條件的愛。孩子的行為符合家長的心意或考試成績好，家長歡天喜地，又買東西獎賞。若孩子的行為不符合家長的心意或考試成績不好，家長輕則訓斥一頓，重則連罵帶打。這種做法使得孩子幼小心靈產生這樣的觀念，他只有做了讓爸媽高興的事，爸媽才愛他，他會感覺被父母支配，從面產生取悅父母的想法。當一個人產生了取悅別人以換取自己所需的東西這樣的想法時，這是在他心中培養起了奴性，這是不可能培養起孩子的自尊心和自我價值感的。

3. 讓孩子感受到來自父母無條件的愛。

對孩子加強教育並不意味著跟孩子講條件：你做不到我就討厭你，不再愛你了。家長愛自己的孩子，是無條件的，你愛他的理由只因為他是你的孩子。也就是說，不論孩子的行為是否令你滿意，無論孩子考試成績好壞，這都不影響你對他的愛。這樣，孩子會感覺到自己被父母愛著，因而覺得自己是有價值的，值得別人愛的。他不用擔心因自己的失敗而承受父母的白眼，他會感到自己後方有一個靠山，這樣孩子向人生挑戰的勇氣會大增。

【名人談教育】

書讀得越多而不加思索，你就會覺得你知道得很多；而當你讀書而思考得越多的時候，你就會越清楚地看到，你知道得還很少。

——伏爾泰

分數可以成為孩子的隱私

不看重分數不意味著提倡孩子交白卷，而是強調學習態度和能力，也是保護孩子的自尊心，更是完善素質教育的方式。比如某國中就從來不公布分數，考完後給每個學生一個成績單，並且畫一個曲線標明你在班裡的位置。每個人都知道自己的名次，不知道別人的，願不願意公開這個祕密是孩子自己的權利。

可以不對孩子的分數刨根問底，但不能對孩子的學業不聞不問。如果孩子考得好，講講他好在什麼地方，突出表揚他的學習態度和方法，這是根本的。如果孩子沒考好，分析他為什麼失誤。重點應放在方式方法上，而不是只盯住這次考五十下次考一百分。

比起批評，賞識和鼓勵對考得不好的學生更有效。有個校長回憶她小時候的一次考試。那一次她沒考好，發成績時她的心怦怦跳，不知道教師會給個什麼分數。

他不是你的棋子
從小做孩子的知心好友

當她打開時，發現在判分的地方，教師只寫了個「哎呀！」在下一次考試中，她得了滿分，而「哎呀！」成了她心底永遠的珍藏。

當然，父母也要盡到監護人的責任。家長有了解孩子學習狀況的權利，教師有責任和家長分析孩子的狀況，哪科強，哪科弱。而談一個學生的具體學習狀況時，是不適合在班上公開談的，應單獨談。這也是國際上的一貫做法。教育部已有官員提出：要用考試的改革來推進素質教育。這是最根本的變化，如果沒有這一變化，「分數隱私」只能是空中樓閣。

提倡分數可以成為的隱私，最根本是要強調尊重孩子。只要你們尊重孩子，他就會感到很寬鬆，就願意把分數告訴你。最重要的是，為人父母者，要始終牢記，天生我材必有用，不要把孩子綁死在分數上。

我的孩子從來沒讓我因為分數驚喜過。他上國中了，我最怕學校期末張榜公布學生分數、排名次的那些日子，對我和孩子都是一種煎熬。雖然我自己是大學畢業，我知道並不是每個孩子都是學習的料，我的孩子就不是，我早就接受了這個現實。但讀書不好並不意味著一切都不行，我的孩子動手能力相當強，很努力，人也善良，我想這就可以是他的立身之本。可惜我們不能游離於整個教育體制之外，只能定時地去接受一些忠告、批評，有時甚至是對尊嚴的傷害。每當這時候，我只想著一件事：盡力保護孩子的自尊，讓他心理的陰影少一點再少一點。

【名人談教育】

道德普遍地被認為是人類的最高目的，因此也是教育的最高目的。

——赫爾巴特

人有差異，世界才有不同

差異性存在於世間萬物，也存在於孩子們身上。同一種教育標準並不適用於所

第 10 章 應這樣看待孩子的學習和成績
人有差異，世界才有不同

有的孩子，這也是我們當前教育中存在的普遍問題，因材施教才能激發孩子的無限潛能，並將孩子引導到正確的方向上發展。愛因斯坦說：「一個人是否能成為人才，不是以他擁有多少知識和智力決定，而是以他發揮多少自己的智力及才能而定。」

有這樣一個故事很能說明這個道理：一個記者跟隨一位著名的科學家到家裡做採訪，科學家住在鄉下，屋後有一片很大的菜園，遠遠就能看見科學家的母親坐在門前撿馬鈴薯，記者很興奮地跑過去對老母親說：「你真了不起，教育出那麼優秀的兒子，他的發明可以造福很多人！你很以他為傲吧？」老母親笑著說：「謝謝你的讚揚，其實我還有一個兒子，他正在菜園裡耕作，他種出的馬鈴薯非常好吃，他也是我的驕傲！」

要發現、發展孩子的優點，而不是把眼光集中於孩子的弱點。每一項智慧都有自己成長的關鍵期，抓住關鍵期教育不僅事半功倍，而且是科學的早期教育，但遺憾的是目前很多家長不知道孩子成長關鍵期的概念，更談不上如何去發展，因此很多孩子的優勢智慧，也就是天賦沒有得到及時開發，有些智慧錯過關鍵期將永遠失去，如音樂智慧，這些都是孩子有可能成為人才的地方。童年只有一次，童年的時間是有限的，如果因為報了各種不適合孩子發展的才藝班而浪費大量時間，那將對孩子造成巨大的損失，因為童年是最好的學習時間段之一，利用好了將為未來發展奠定堅實基礎。

沒有不可用之物，只有不能物盡其用的。放對位置，每個人都是天才。人類天生都有非常大的潛在能力，個個都是天才，只是我們一直沒有發現，而我們都僅僅使用了不到百分之十的潛能而已，另外百分之九十的潛在能力就需要靠後天的栽培與灌溉。現在的學校和家長總是用傳統的教育眼光看待孩子，不能看到孩子的優勢和特點，並給予科學教育，如果引入多元智慧教育理念，運用奇德兒的大腦多元潛能測評系統，測一下孩子的潛能結構組合，了解孩子，找到孩子的才智，正確引導孩子，選擇適合孩子發展的環境、方法。因材施教，可以使孩子真正尋找到自己的

發展之路，可以更好的發揮、施展潛力，獲得意想不到的效果。

【名人談教育】

　　既然習慣是人生的主宰，人們就應當努力求得好的習慣。習慣如果是在幼年就起始的，那就是最完美的習慣，這是一定的，這個我們叫做教育。教育其實是一種從早年就起始的習慣。

——培根

根據孩子的具體情況做具體分析

　　就像有的木材適合做木雕，有的木材適合做桌椅，孩子究竟該怎樣教育，是因人而異的。父母不妨先把他們歸歸類，把握住他們的特點，進行有的放矢的教育，這樣才能將力氣用在刀刃上，在培養孩子成才的路上取得事半功倍的效果。

　　1. 心靈手巧的孩子需要多點撥。

　　這種孩子通常有一定的藝術細胞。在悟性上。接收、吸納和運用知識的能力上，對生活學習的積極態度上，有著某種天賦。他們無需人管，自生自長也能成才。如果父母知識水準較高，花點工夫指導鼓勵他們，形成良好的學習習慣、積極的生活態度，多對他們加以引導、進行交流，那他們天生具有的學習能力、創造能力將如虎添翼，鵬程萬里。

　　2.「本身有油，不擠不出油」的孩子需要監督。

　　這種孩子大多興趣廣泛，可是三天打漁兩天晒網。屬孩子群中覆蓋面最廣、可塑性最大的一類。他們中有的智商尚可，但進取心較差，做事沒有恆心。對這樣的孩子，家長的教育督促，是決定他們能否健康成長的一個非常關鍵的因素。如果家長不能及早發現他們這些弱點，聽之任之，或管教不得要領，他們將隨著自己的性格、習慣而滑下去，變得一事無成。

一旦他們能接受家長的監督方式，最終認清並克服這些阻礙自己成長的毛病，其中那些智商較高者，將毫不遜色地躍入第一類孩子之中；智慧亦能達到自己本應達到的接近優等的水準；即使智商一般者，養成了良好的學習習慣後，也將獲得與自身智力相適應、甚至超出一般的成績。這就是我們通常所說的「勤能補拙」、「笨鳥先飛」。可見，對第二類孩子來說，父母在他們成長過程中扮演的角色極其重要。

3. 對善鑽研的孩子要培養其專長。

這類孩子通常比較沉默，大體上就是人們常說的不愛讀書的那一類。這類孩子，讀書不行，但其中一些人，對掌握技術性的東西有著某種特殊的稟性。對這類孩子，父母在學習上再怎樣對他們施壓，效果可能也不理想。不如順其自然，發展他的長項。

【名人談教育】

幸福，就在於創造新的生活，就在於改造和重新教育那個已經成了國家主人的、偉大的、智慧的人而奮鬥。

——奧斯特洛夫斯基

多方讚美激發孩子的自信心

家長對孩子的讚美，也體現了和孩子之間人格尊嚴上的平等。家長應看到人性的美好，看到每個孩子都有追求進步、積極向上的傾向，都有聰明、好學、向善的一面。同時，必須以平常心去看待他們的每一個長處，肯定他們的每一次進步，自然而然就會發現他們的每個閃光點，欣賞他們的價值，從而樹立起學生的自信心和自豪感。而面對孩子的失敗和錯誤，不能採取責罵、懲罰的態度，而要能以一種廣闊的胸襟給予諒解寬容和鼓勵，並為他們指出一條解決問題、改正錯誤的途徑。

他不是你的棋子
從小做孩子的知心好友

1. 特長也是值得讚美之處。

為人父母者要有發現的眼睛，要善於捕捉孩子的閃光點，及時讚美，樹立他們的信心，從而發揮其內在的潛能。

我的孩子通常腦子不笨，就是學習習慣差，不愛做作業，特別不喜歡語文，但是很喜歡數學，學校裡要訂書了，數學方面的他肯定要訂，而且上次學校推出一種數學棋的遊戲，他非常有興趣，儘管沒參加培訓，但他還是買了那種棋，並且沒多久就學會了。

2. 關注孩子的每一點進步，及時給予讚美。

不必等孩子做出什麼驚天動地的好事情再讚美。比如孩子今天書包整理得很好，臥室打掃得非常乾淨，能幫朋友解決困難……都要立即表揚，肯定進步。這樣會讓孩子們認為家長時時刻刻都在關注著他。如果孩子認識到只有他表現得很好，才能得到家長對他的注意，他們就會盡量表現得更好，以得到讚美。

3. 時刻記得適度讚美。

讚美也要持之以恆。因為讚美是春風，它使人溫馨和感激。請不要小看讚美，因為讚美是火種，它可以點燃心中的憧憬與希望。作為一個孩子最親的人，如能時時以飽滿的精神、欣賞的眼光、鼓勵的話語對待孩子，必能起到「隨風潛入夜，潤物細無聲」的作用。

【名人談教育】

人心可分為二，一部分較善，一部分較惡。善多而能制止惡，斯即足以云自主，而為所譽美；設受不良之教育，或經惡人之薰染，致惡較大，而善日益侵削，斯為己之奴隸，而眾皆唾棄其人矣。

——柏拉圖

第 10 章 應這樣看待孩子的學習和成績

多方讚美激發孩子的自信心

國家圖書館出版品預行編目（CIP）資料

他不是你的棋子：從小做孩子的知心好友 / 洪春瑜，才永發著.
-- 第一版 . -- 臺北市：崧燁文化，2020.07
　面；　公分
POD 版

ISBN 978-986-516-267-2(平裝)

1. 親職教育 2. 親子關係

528.2　　　　　　　　　　　　　109009189

書　　名：他不是你的棋子：從小做孩子的知心好友

作　　者：洪春瑜，才永發 著

發 行 人：黃振庭

出 版 者：崧燁文化事業有限公司

發 行 者：崧燁文化事業有限公司

E - m a i l：sonbookservice@gmail.com

粉 絲 頁：　　　　　網址：

地　　址：台北市中正區重慶南路一段六十一號八樓 815 室

8F.-815, No.61, Sec. 1, Chongqing S. Rd., Zhongzheng

Dist., Taipei City 100, Taiwan (R.O.C.)

電　　話：(02)2370-3310 傳　真：(02) 2388-1990

總 經 銷：紅螞蟻圖書有限公司

地　　址: 台北市內湖區舊宗路二段 121 巷 19 號

電　　話:02-2795-3656 傳真 :02-2795-4100　　　網址：

印　　刷：京峯彩色印刷有限公司（京峰數位）

本書版權為源知文化出版社所有授權崧博出版事業有限公司獨家發行電子書及
繁體書繁體字版。若有其他相關權利及授權需求請與本公司聯繫。。

定　　價：299 元

發行日期：2020 年 07 月第一版

◎ 本書以 POD 印製發行

獨家贈品

親愛的讀者歡迎您選購到您喜愛的書，為了感謝您，我們提供了一份禮品，爽讀 app 的電子書無償使用三個月，近萬本書免費提供您享受閱讀的樂趣。

ios 系統

安卓系統

讀者贈品

請先依照自己的手機型號掃描安裝 APP 註冊，再掃描「讀者贈品」，複製優惠碼至 APP 內兌換

優惠碼(兌換期限2025/12/30)
READERKUTRA86NWK

爽讀 APP

- 📖 多元書種、萬卷書籍，電子書飽讀服務引領閱讀新浪潮！
- 🎧 AI 語音助您閱讀，萬本好書任您挑選
- 🔍 領取限時優惠碼，三個月沉浸在書海中
- 🔔 固定月費無限暢讀，輕鬆打造專屬閱讀時光

不用留下個人資料，只需行動電話認證，不會有任何騷擾或詐騙電話。